勸世良言

出版前記

編輯叢書以保存及流傳資料，在中國已有七百六十餘年的歷史。在這悠長的歲月中，歷代刊行的各種叢書號稱數千部，其中個人詩文集約占半數，內容割裂實際不合叢書體例的又居其餘之半，其名實相符者仍有數百部；即經過商務印書館再三精選後刊行的「叢書集成」，內含各種叢書也有一百部之多。這在中國出版界眞可說是洋洋大觀，對於促進歷史文化的研究與發展實在有難以形容的價值。

但在這樣龐大的數量中，使用「史學叢書」名稱的却只有清光緒年間廣東廣雅書局的一部。事實上：歷史學在中國是發達最早的一門學問，二千餘年來連綿不斷地繼續發展，並且隨著時代演變更新進步。在世界文化史上，中國史學眞可說是一枝獨秀。近年以來，中國歷史文化的研究成為世界各國學術界一時風尚，中國史學先哲前賢的珍貴而豐厚遺產，更受到舉世的重視和尊敬。惟其如此，我們自然可以堂堂正正高舉中國史學的大旗，這就是本叢書命名的由來。

中國史學的範圍非常廣泛，要想在這一部叢書中包羅萬象，是事實所不許；今惟有在適應當前中外學人的普遍興趣以及編者個人學識能力的原則下，決定一個方向，就是以明清史料作本叢書選輯的優先對象。

至於史料的選擇取用，主要原則在「實用」與「罕見」，由編者綜合若干有關專家學者的意見而後決定；是這樣地集思廣益，應該可以適應一般需要。

對於史料的形式，也就是版本，儘可能選用初刻或精刻的善本，在「罕見」的原則下自然更注意搜求手寫稿本。

印刷方法是完全按原版影印，不加描摹，因爲此時此地印刷廠沒有描摹的人才；並且爲適合國內多數學人的購買能力，對於許多卷帙浩繁的書籍是採用縮小影印方式，以減少篇幅降低成本。在技術上也無法描摹。至於罕見的手寫稿本則儘可能地按原書大小影印，以便閱讀。

選印在本叢書內的每一史料也就是每一部書，編者都儘可能地約請專家學者撰寫序跋，指陳其價值或版本異同，中外學人當可一目瞭然其書內容大要。

儘管在編印體例上有若干與衆不同的改進，但一定還有許多疏漏的地方，希望海內外方家多加督責，以便隨時更新。

吳相湘

中華民國五十三年十一月十二日於臺北市

勸世良言與太平天國革命之關係

鄧嗣禹

勸世良言，是一部驚天動地的書；因爲此書是太平天國宗教的聖經，是洪秀全宗教知識的源泉。由此書引起了太平天國的宗教革命，擾攘當時十七省，淪陷六百餘城，犧牲了數千萬生命，開創了廿世紀民族革命的先河。

勸世良言，是一部希奇罕見的書；偌大的亞洲，找不出一部；歐美二洲，據淺見所知，也不過三四部。美國哈佛大學圖書館一部，即此處影印本。紐約市公共圖書館一部，題爲學善居士纂，馬六甲英華書院藏版，道光十二年（一九三二）刊本；每半頁八行，行二十字，卷首有目錄五頁。英國倫敦會圖書館（London Missionary Society Library）有一部，但缺一冊，今仍存在原處。倫敦博物館只有卷五卷七兩冊，一八三二年馬六甲藏版本。美國國會圖書館只有九冊中之最後一冊，亦爲每頁八行，行二十字。據國會圖書館吳光清先生鑑定：此冊似爲活字本，因馬六甲英華書院活字與版刻同時並用。

勸世良言，因爲如此稀少，今得閱讀者寥寥無幾。在一八五〇年代時，麥都思（Walter Henry Medhurst）曾評論此書（見 North China Herald, August 27,1853）。百年以後，美國學者濮友眞（Eugene Powers Board man）曾將此書加以仔細研究，發表著作問世，顏曰：「基督教對於太平天國之影響」（Christian Influence upon the Ideology of the Taiping Rebellion, 1851-1864; Univeinty of Wisconsin Press, 1952 188頁）。同時，John Foster 也利用此書，作過一篇文章：

The Christian origins of the Taiping Rebellion）刊登 International Review of Mission, 40（一九五一年四月份）156–167. 文章很簡明，但作者是否深通中文，不得其詳，惟爲神學專家。筆者在一九四九年初讀此書，在太平天國史之新曙光一書中，略有所論。憶民國四十五年旅居日本時得識若干日本的漢學家與太平天國史專家，詢問獲讀此書否？皆答曰否。亦曾孟浪先後詢問中國研究太平天國史幾位專家，曾讀勸世良言否？亦皆云未曾讀之。他們的書中所云，皆從太平天國起義記及華北先驅報所刊載者轉引申論而已。幸梁發傳，附有勸世良言（一九五五年香港基督教輔僑出版社初版，一九五九年再版），簡又文先生乃得細讀此書，發揮奧義於太平天國典制通考中之宗教考。然梁發傳流通不廣，且所附之本爲排印本，略去卷一卷二等號，及板心、眉批，遠不若讀原書之痛快。

今承哈佛大學哈燕圖書館館長裘開明先生之慷慨，允將此書，影印行世，由吳相湘教授編入中國史學叢書中。於是此希奇罕見之書，人人皆有閱讀之機會，佳惠士林，實在不少。我們當對著者、藏書家、與中國史學叢書編者，舉手致敬。

梁發略歷

勸世良言的編著者，是梁發一名梁阿發（1789–1855）號「學善者」或「學善居士」，廣東人，爲中國第一位牧師。他只受過四年私塾教育(從十一到十五歲)，讀過三字經、四書及詩經，即因貧輟學，去廣州學作刻字匠。不久他認識倫敦會的傳教士馬禮遜先生（Robert Morrison, 1782–1834）。馬禮遜是介紹基督教新教到中國來的第一位傳教士；以前在中國活動的皆屬於天主教派。馬氏於一八〇七年初抵廣州，即矢志習中文，至一八一九年居然能將新舊約聖經譯成中文。可見有志者事竟成。最初來華數年，一切皆獨力苦撐，至一八一三年，倫敦會始派米憐牧師（William Milne, 1785–1822）前來助理。當時清廷反對基督教甚烈，不許傳教師活動，宗教宣傳品亦不許散發。爲謹愼妥當計，米憐去馬六甲（Malacce）開設英華書院及印刷所，梁發被雇爲印刷工人之一，於一八一五年出國工作，常與米憐牧師接觸，漸漸成爲熱心慕道的人。

可是當中有一個時期，梁發「日夕交遊三教九流之人」（VI.5）。「後過年餘，自雲南來了一個和尚，敎他看受生殘經」（VI.76）及其他書籍，且常對梁發宣傳佛法。無形之中，受了佛教影響，隨時在勸世良言中流露。

後來梁發覺得不很對，又因米憐每天定要叫齊廠內工人，讀聖經，聽他講道半點或一點鐘，於是梁發「不與那和尚往來，講佛家之道理，乃日日歡喜愛聽米先生講耶穌代贖罪救世人的經典」（IV.8）至一八一六年十一月，米憐在馬六甲爲梁發施洗，成爲中國第二位基督教新敎徒（第一位是蔡高，一八一四年在澳門受洗）。此後更喜讀聖經，若有不明白之處，即請米先生講解。不料一八二二年米憐死於馬六甲，年僅三十七歲。越一年，馬禮遜封梁爲牧師。梁發云：「馬老先生以我爲誠實之人，而爲牧者之職。後來按手於我，命我將眞道略勸各處之人」（VI.15）。按是時已有牧師之名：「汝爲敎人之牧師。」（II.28b）。

在此期中，一八一九年，梁發曾回廣東故鄉高明縣一次，並印出了一本小書，名爲救世錄撮要略解，共三十七頁，書中內容，曾請馬禮遜先生鑒定，一切皆適合正統派基本主義（Fundamentalism）的神學觀念，然後印刷二百部，以便分贈親友。不幸被人告發，官廳將梁捕獲，毒打三十大板，血從兩腿橫流，並罰金七十元，始獲自由。一八二〇年春，梁發重往馬六甲，一八二九年著眞道問答淺解，共十四頁。一八三二年在廣州刊著「勸世良言」包括九種小册子，同年又在馬六甲印行。其中四種後來在新加坡再版，改稱揀選勸世良言。又云這九種小書，曾分別印單行本。但筆者兩次在南洋各圖書舘訪尋，皆未發現。盼久居斯土之學者有所增益。此後梁發著有其他宗教小册，如祈禱文、讚神詩之類。一八五五年四月十二日，梁發病逝於廣州。一九一八年嶺南大學的當局，把梁發的遺骸遷葬於校址的中央大禮堂所在地。從此中國第一位基督新教的傳教師，可以實至名歸，永垂不朽。（以上撮要，多據勸世良言卷六第三節，及麥沾恩 G.H. MeNeur 梁發傳）。

勸世良言內容述略

這是一部奇書，共九册，二百三十五頁，約九萬字。其中思想是半中半西，表面宣揚基督教，而到處流佈地獄苦楚、因果報應的佛家思想。文體是半文半白，文言之部多半引用馬禮遜翻譯的聖經，自命文雅，而多半令讀者莫明其妙。例如：「我等救主耶穌基理師督之恩寵，偕爾衆焉，啞們」（VI.22b.）。而這句話的原文是：

"The grace of our Lord Jesus Christ be with you all. Amen" (the last sentence of Revelatin. XXII21.)

聖若翰曰：愛輩乎，勿信各風，但試其風或由神否，因僞先知輩多已出世間。各風認耶穌基理師督曾於肉而臨，卽屬神，由是爾可識屬神之風，各風不認耶穌基理師督曾于肉而臨，卽勿屬神，斯乃敵基理師督者之風。……（VII.25b.）

香港聖經會新約全書版云：

親愛的弟兄阿，一切的靈，你們不可都信，總要試驗那些靈是出於 神的不是。因爲世上有許多假先知已經出來了。凡靈認耶穌基督是成了肉身來的，就是出於 神的。從此你們可以認出神的靈來。凡靈不認耶穌，就不是出于 神，這是那敵基督的靈。」（約翰一書。第四章，三二四頁）。

其他類此之處，不勝枚舉。筆者嘗細讀經文二三次，不解其意，讀原文，即一目了然。可見馬禮遜與米憐所譯之聖經，貢獻雖大，爲害亦不小。梁發看不懂的地方，常請米憐講解。洪秀全看不懂的地方，無人釋疑問難，因而自作聰明，發生誤解。如楊秀清稱聖神風、勸慰師（Cemforter）根本不懂三位一體之意，而創出新三位一體：天父上帝，天兄耶穌，天王洪秀全。

至於梁發自己撰寫講解的篇章，雖文詞不雅順，縉紳先生勿道；而意思極明白，能暢所欲言，且言之有物，持之成理，一片誠心，娓娓動聽，頗有說服力量。雖然麥都思評論梁發的文章如何不通，不懂文法，缺乏典章等等（見華北先驅報，一八五三年八月廿七日）。然以文章論，以詞達論，僅僅受過四年教育的梁發，實遠較埋頭苦幹十餘年之馬禮遜爲優。梁之文俗而能達意，馬之文雅而不能達意，則雅有何益？梁之白話文，眞作到胡適之先生所提倡的八不主義，全部勸世良言中，所引經書，不過十六處，且誤引「憂心悄悄，慍于羣小」爲「孔夫子云」。引史事者僅四處。自言非積學之士，而能以誠信感人。學習，勿自驕滿，拒受外來思想。

書中內容，勸人信神天上帝，勿信邪神忽視一切迷信，專心向主，重存道，戒酒色財氣，戒偷竊，戒謊言，守安息日等等。其書組織，無條理，常引聖經一二句，加以發揮，有似禮拜日之講道，又或引聖經一二章，無所論列。或挿入數頁自傳材料。全書引新約者，約五十處；引舊約者不過創世篇、以賽亞（Isaiah）、神詩篇（Psalms）、宣道篇（Ecclesiastes）及耶利米亞（Jeremiah），約二十餘次而已。今幸原書在手，有興趣者，皆可仔細研讀，毋庸細述其內容。

洪秀全得勸世良言的年代仍有問題

秀全得勸世良言之年，現在一般學者多認爲是在一八三六年；然夷考其實，恐仍有問題。

第一、原始資料，多謂得書在一八三三年。

例一：一八五二年十月六日，羅孝全牧師（The Rev. I. J. Roberts）在廣州寫了一封信，登在倫敦出版的中國與一般傳教士的消息（The Chinese and General Missionary Gleaner）中云：「洪秀全……在某次考試期間，遇着一位容貌非凡的人長鬚寬袖，給予他勸世良言一書。」原注云：「此人毫無疑問的是中國佈道者梁阿發。馬禮遜博士一八三四年度上給倫敦會董事的一個報告，詳述一八三三年，年初至年底，在中國發生的事件，中云：阿發始終努力佈道，已經給予國內人士良好的印象。中國政府爲普及教育起見，在各省會中，每三年考試一次。在此期間，全省各鎮各邑的士子，都去省城，參加考選。廣東省城考試，在一八三三年十月舉行。此時梁阿發及同伴，爲傳教的熱忱所驅使，進城分發引用一部分聖經的小册子，卽勸世良言，與遠遠近近而應試學生。」（此函轉載華北先驅報一八五三年八月二十日）

例二：當時人麥都思（H. M. Medhurst）對上函加按語，大意云：此函證明散發宗教宣傳品之人，確爲梁阿發，時期確在一八三三年。（同上）。

例三：一八五四年，韓山文（Theodors Hamberg）云：「一八三六年（原注）或在此年之前，再赴廣州應試，秀全遇見一人身穿明朝服裝，不能操中國語，另有一個士人爲舌人，其一手持小書一部共九本，名勸世良言，贈與秀全。」（太平天國起義記頁四下）。

例四：一八五六年英人麥都思著中國人與叛亂，不從一八三六年得書之說，而仍從一八三三年（T. T. Meadows: The Chinene and Their Rebellion, 1856 edition, P.75）。

例五：一八五七年麥基亦以洪氏得書在一八三三年（J. Milton Mackie, Life of Tai-ping Wang. N. Y. 1857. P.61.）。

例六：一八六二年白賴恩（Lindesay Brine）亦以秀全於一八三三年赴考時，得西教士及梁發贈書，後於一八三七年再去應試（The Taeping Rebellion in China, London, 1862. P.66.）。案Brine之書，多據韓山文之起義記，然而不從一八三六年得勸世良言之說，可見加過一番考慮。又按一八三三年癸巳，正是當科考的年間。

第二、若洪得勸世良言如在一八三六年、一八三七年又去赴考。是兩年連接考試，恐非洪家之經濟能力與身體狀況所能擔任。觀洪第一次去廣府應試在一八二八年，第四次在一八四三年，皆相距甚遠；而第二、三兩次相連，又頗覺奇異。又如一八三三、三四、三六、三七皆有考試，顯違三年一次定例。縱有恩科，清代恩科之制，未有如此頻繁繼續不斷者，廣州府志、學政全書、清朝文獻通考、清事例等書，皆不見有廣州頻年考試之記載。府試日期，亦乏明文規定，若遇雨旱飢饉，兵慌馬亂之年，試期常可改移。如清文獻通考（頁5319商務十通版）：「考取秀才，於本年十月舉行」。從另一方面看：外國傳教師如馬禮遜等，身住廣州，親眼看見，當時對倫敦會所作之報告，陳述士人赴考情形，當非憑空臆造。

總之，洪秀全得勸世良言之年代問題，有兩種原始之原料。一爲洪仁玕所供給外人之消息，然出於十餘年後之回憶，自云「記憶不確」，在洪仁玕供詞與「洪秀全來歷」，就不一致，自相矛盾。既云一八三六年又云或在此年以前，似此糢糊不清，已失了原料價值。另一種原始的原料，是梁發之散發勸世良言，遭受官方壓迫、毒打、處罰，不但馬禮遜代爲報告，且梁自己亦報告倫敦會，言之鑿鑿，誰也不能懷疑；且爲當時記述之第一手材料；而非洪仁玕代述，間接材料。比較兩種原始之原料，當以梁發所云爲可靠。當時官方壓迫既如此嚴厲，佈道者當有西洋傳教士合作鼓勵，甚至輪班工作。梁發常常「夜讀英文」，且能翻譯祈禱文、讚神詩（見梁發傳，頁60,117），則梁發任舌人，翻譯簡單英文，或譯廣東土語如客家話、台山話之類，亦非不可能。故捨一八三三年與梁發，而另求一八三六年與其他一外國人之名，似爲捨近而求遠，捨易而求難。麥沾恩作梁發傳，也曾找了不少新材料，濮友眞、彭澤益等，皆爲謹愼之學者，不從一八三六年之說，必有所見而云然。

勸世良言對於太平天國之影響

勸世良言一書，對於太平天國之思想行動，有非常深切的影響。從一八四三至一八四七年，此書幾爲洪秀全唯一的新知識寶庫、新思想來源。稍加分析，約可得十端：

一曰棄除偶像　翻開勸世良言數頁，就可以看見反對「文昌魁星二像，立之爲神而敬之，欲求其保庇睿智廣開」（I.5）。這對於考試失敗、灰心失望的洪秀全，是有吸引力的。再往下翻閱，梁發反對偶像的言論，到處發揮，與人最深刻的印象：

> 神佛與菩薩等，均是與世人同類，亦係聽由神天上帝賞罰其善惡，恐伊自顧不暇，焉能保護救得別人求之也耶(VII.9b.)。
>
> 上古之世，不過拜山川社稷忠臣義士之偶像，則近之世代，士農工商，上下人等，各用自己之意」，做出無數神佛之像而拜求之，或用紙畫的像，或紙寫的字，或石琢的像，或木板刻的字，或木彫的像，或泥塑的像；或四方之石，或三尖的石；或瓦燒的像；總總之物，不能屈指，而算各以自己之意立之，亦各用自己心拜求之。朝上香燈，晚化紙錢，竭力誠心，都係向些死物，而求庇佑，誠爲可笑，亦實可憐（I.5.）。

梁發勸人勿拜偶像，而洪秀全進一步要打破偶像。梁發讀書不多，不能引經據典，僅云上古之世，崇拜多神。秀全乃廣徵史事，證實其說，謂「自少昊時九黎初信妖魔，禍延三苗效尤。至秦政出，遂開神仙怪事之厲階」等等（原道覺世訓，見「太平天国」I.96）。可見洪之聰明學識。

二曰施用洗禮　一八四三年洪秀全細讀勸世良言見有「領受洗禮之水，洗潔身靈」（II.28）之句，又見梁發所問及米隣博士所解答關於洗禮的意義，如「洗淨其人」，因爲世上之人「皆犯了罪過之汚，沾染其身，而其靈魂亦汚濁，故以洗禮之水洗其身」（VI.9b–10）給與洪秀全一個深刻的印象。「於是依照書中所言，及按是時自己所明白此典禮者，自行施洗，……自己灌水於頂上。」稍後洪秀全爲馮雲山與洪仁玕施洗禮，三人同到隣近之小河，「洗淨全身」（韓山文，起義記，P.9）。這是洪秀全讀書明理，食古食洋而能隨時變通的地方。

三曰拜一神教　洪等自己彼此受洗禮後，即進行打破偶像。因爲梁發在勸世良言中，反對釋道儒三教（I.5-8），洪秀全亦反對之。梁發極尊重神天上帝，書中每言：

「神天上帝，係原造化天地人萬物之大神，宇宙內萬國之人物，皆在神天上帝掌握之中……故凡敬畏之安于天命者，雖貧困不堪，而心亦樂。因知窮通得失，總由神天上帝所定命，不能强求也，（II.24b）。

神天上帝，永坐于天上，世界萬國之人，皆由日日獨敬畏奉拜之（III.8b-9.）。

神天上帝乃係天地人萬物之大主……萬國萬類人之大父母，……且世界上萬國之人，在世人所論，雖有上下尊卑貴賤之分，但在天上神父之前，以萬國男女之人，就如其之子女一般（III.10.）

神命火華曰，除我我外而未有别個神也（III.19b.）。

神天上帝，乃係萬國之主，各皇之皇（V.21）

從上引數例證，可見神天上帝是至高無上，獨一無二的眞神，他的權柄最大，管理全人類世界各國。但在他面前人人平等。所以後來太平天國所謂男女平等，洋兄弟，「西洋番弟」要聽洪秀全講基督教道理，皆發源於這些觀念，而洪秀全是上帝的次子，長兄耶穌基督，已有偌大權能：

神天上帝之子，救世主耶穌是也（II.1）。

遣神天上帝之愛子，……自天降地……投在貞女之胎……出世爲人，名曰耶穌，即是救世主之意……年至三十，即出身宣論……勸慰世上之人，務當悔改一切姦邪惡端，丟棄各樣假神菩薩之像，轉意歸向崇敬神天上帝爲主（II.2b-3）。

每遇害病之人，即顯神性之德，悉能醫治之，以致聾者能聽，瞽目者能視……救主耶穌，不過口出一言，或應患處，那病即時全愈，死者亦即時復生。這就是顯著其由天降世之證據也。然不惟救世主耶穌能行神迹醫人病患而已。即其由庸人中選擇了門徒十二……亦有能以口出一言，或以手摩患病者，而醫療病人最難治之各症立時即得全愈。……實顯著福音眞道之證俗也。故此代贖罪救世之時候既至，而耶穌隨由如氏亞國內羣兇之手……釘死在十字架之上……遂成代贖罪救世人之功，……死後三晝夜，復再生活，仍居地上四旬之久（II4-5）。

耶穌基督既有如許神迹，其弟秀全當然也了不得，他也見過上帝，病過四十日之久，三弟楊秀清，乃變爲「贖病主」，可以代上帝傳言。

但洪愛咬文嚼字，將勸世良言屢用之神天上帝，簡稱爲上帝，並廣引經書中之「上帝」與「帝」以證古代之時，中國與世界各國，皆同拜一上帝。上帝跟凡人一樣，不時大怒：如「神天上帝之義怒」（II2），神耶火華之怒（VIII.1），「神將降怒於無順之子孫」（IX12b），故洪秀全也將上帝發怒的習慣學會了。

四曰拜上帝會　拜上帝會者，胡爲胡來哉？答曰：來源出於勸世良言，「聚集拜神天上帝之公會也」（II.10），稍加簡縮卽成拜上帝會。以後的「聖公會」又比較雅緻一點。

勸世良言又曰：

爾若要守全律，則可去賣了爾凡所有之產業，而將賣產業之銀施賜給予貧窮之人，則爾必有財帛存在于天，可來隨從我而常學生之眞道也。（II.11）

這幾句話，也許對後來拜上帝會的會員，變賣產業，將所得存儲在聖庫，有點影響。

五曰太平天國　「救主教訓……大衆曰，心貧者，爲福矣（"Blessed are the poor in spirit"），蓋天國屬伊等。」（I.18b）「心貧者」可能發生誤解，原意只有貧窮的人可以進天國。今譯爲「虛心的有福了，因爲天國是他們的」。梁發云：「天國二字，有兩樣解法：一樣，指天堂永樂之福，係善人肉身死後，其靈魂享受之眞福也。一樣指地上凡敬信救世主耶穌衆人，聚集拜神天上帝之公會也。神之國三字，亦同此義」（II.10）。似此解釋，「天國」與「神之國」同義，在梁發眼中，天國是尊信上帝基督之意旨而立之國。

「太平」二字，亦見於勸世良言：「神天上帝乃係萬王之王，萬國之主。……倘若全國之人，遵信而行者，貧者守分而心常安，富者慕善義心亦常樂……君政臣忠，父慈子孝，官清民樂，永享太平之福，將見夜不閉戶，道不拾遺的清平好世界矣（VII.20)。」又曰：「今日有生救世主也，忽雲中見偕各神使，……榮歸與神至上者，太平於地，及人恩意矣（III.16)。」這些話很重要，這是儒家理想，與基督教的糅和，梁發將上帝的帽子，戴在孔子頭上。洪秀全多讀了一些經書，由記憶聯想，把禮運大同括到一塊：「是故孔丘曰：『大道之行也，天下爲公，鰥寡孤獨廢疾者皆有所養，男有分，女有歸……故外戶而不閉，是謂大同。』循行上帝之眞道，……力遵天誡，……天下一家，共享太平」（原道醒世訓，見太平天国，I.92）。洪秀全將此兩名詞，聯合起來爲太平天国，可謂別具匠心。

六曰天堂地獄　梁發在勸世良言中屢言之：

生前或者神天上帝未大罰汝之惡……死之後怎能硬逆得過，不用入地獄受永遠之苦哉。況且並無輪廻復生陽世爲人之理。亦總無轉生出世爲畜類。乃惡人一下地獄，至永遠不能出也。……夫人亦知作善降之百祥，作不善降之百殃，報應昭然，人所共知。……都在死後來生報應者多。……即被拘入地獄之中，永受苦禍矣。（II.7b–8b）

不知道死後善惡報應若何……死了之後，……在陽間做人不好，都係轉輪投胎，托生出世變豬、變馬、變牛、變羊，就算惡報之意（II.13b）。

> 若爲惡的人……未會報其本身，即報應其子孫，受禍，或盲或跛，或啞或窮苦或發痳瘋，或做賊，或拖架帶鎖，或受官府刑罰而死，這就是惡報（VII.13）。

此種佛家思想，梁發得之於雲南的和尚，先入爲主，隨時流佈於著作中。洪秀全的作品，亦有不少天堂地獄之說。如謂「何其自失天之樂而自求地獄之苦哉」(原道覺世訓，P.93)又謂「祇見其妄自尊大，自干(甘)永遠地獄之災也」。……「敬拜皇上帝，……死後魂昇天堂，永遠在天上享福。……溺信各邪神，則變成妖徒鬼卒，生前惹鬼纏，死後被鬼促。永遠在地獄受苦。……如此大福都不願享，情願大犯天條，與魔同犯反天之罪，至惹皇上帝義怒，罰落十八重地獄受永苦，深可憫哉。」(同上97–98)。

七曰天下一家　勸世良言曰：

> 「自然而然無形無像之神堂，奉事天下之大主，正合天下萬國如一家之本義，古今之世，皆一體之意也，」(I.14.)。
>
> 神天上帝乃係萬國萬類人之大父母(III.10.)。

洪秀全曰：「皇上帝，天下凡間大共之父也。近而中國是皇上帝主宰化理；遠而番國亦然。……是故孔丘曰：大道之行也，天下爲公，……是謂大同。」(原道醒世訓，太平天国，I.P.92)。「此聖人所以天下一家，時廑民吾同胞之懷而不忍一日忘天下也」(原道覺世訓，同上，P.93)。這又是秀全融貫中西、溝通文化的才智。

八曰天條大律　梁發言摩西十誡，「神天上帝在山嶺降下十條聖訓，授予摩西」(VII.17)。天條大律，故洪秀全稱十誡爲天條。然在勸世良言全書中，始終未具體舉出十款天條。僅云：「爾不可殺人，……爾不可行姦，……爾不可負誓」(I.20–21)。他又問「何爲神天上帝之誡耶？」其答爲勿行殺害之事，勿行奸邪婬亂之惡，勿偷竊別人之物，勿做虛妄，假供干證之事。乃要孝敬父母，而仁愛鄰舍之人，如自愛自己也」（II.10b）。梁發最重孝道，「奉信眞經聖道之人，從未有不孝敬祖宗父母者」（VI.16b），而秀全亦重孝道。

勿遺欠該負他人之債，惟以相愛，蓋相愛者已成律，因諸誡，勿奸，勿殺，勿偷，勿妄證，皆括于此。卽爾等愛人如已之言，鄰人之愛不行歹，所以律之全成，卽在於愛（V.24b.）。且勿醉于酒（VI.3b.）。

洪秀全在原道救世歌，舉出第一不正淫爲首，第二不正忤父母，第三不正行殺害，第四不正爲盜賊，第五不正爲巫覡，第六不正爲賭博，其中包括好酒跟吸食洋煙，「其餘不正難枚舉」（太平天国，I.88-90）。這很顯明的是受勸世良言的影響。

又此數條顯示洪秀全爲社會與時代的產物。梁洪皆爲中國人，故皆重孝道。廣東最重貞操觀念，新婦如非處女，其夫可斥之返娘家，並加以辱罵。和姦案發現有時鄉人可用鄉蠻方法，將雙方細綁，投河淹斃，故洪梁重勿姦，而洪以淫爲不正之首。不但梁發作勸世良言時，在一八三〇年間，鴉煙問題尚不十分嚴重。洪作原道救世歌，在一八四五年，洋煙問題，深入人心，故特別加入。

一八四八年，洪秀全家居，在本族中，立木簽九條，以治惡人，在每一簽上寫明嚴治五罪：㈠通姦犯淫者打，㈡誘姦婦女者打，㈢忤逆父母者打，㈣偷竊賭博者打，㈤遊蕩爲惡者打。（起義記P.20b）

其後在天條書中（一八五二年出版）乃完成十誡，第一天條、崇拜皇上帝；第二天條、不好拜邪神；第三、不好妄題皇上帝之名；第四、七日禮拜、頌讚皇上帝恩德；第五、孝順父母；第六、不好殺人害人；第七、不好奸邪淫亂；第八、不好偷竊刧搶；第九、不好講謊話；第十天條、不好起貪心。這大概是在一八四七年從羅孝全牧師處，或以後從聖經中，學會摩西十誡，而與原有者加以折中貫通，使成爲太平天國立國的基本信條，初期大軍軍紀之優良，多賴厲行十款天條的效果。

九曰禮拜禱告　梁發對於禮拜與禱告的儀式，沒有很多具體的描寫，有時引聖經，而馬禮遜之譯文模糊不明，不能與人以深刻的概念。例如最通行的主之祈禱詞（Lord's Prayer）馬氏譯之爲：

故此爾等如此祈禱云：「我等天父在天者，爾名成聖，爾王就至，爾旨成行於地，如於天焉，賜我等以日用糧，赦我等負債，如我赦負債于我等也，勿由我等入誘惑，乃救我等出凶惡，蓋爾爲之國者，權者，榮者，於世世啞們」，（I.22.）。

今譯爲：「所以你們禱告，要這樣說：我們在天上的父，願人都尊你的名爲聖，願你的國降臨，……因爲國度、權柄、榮耀，全是你的，直到永遠，阿們。（馬太福VI.9–15）

以馬氏譯文與今日通行本之詞句相較，眞有天淵之別。梁發對於祈禱儀式，皆隨時泛泛言之。如「當遇患難之時，恆務祈禱，求神垂憐」（V.23b）。

爾等中有受難者，其應祈禱求神，有快樂者，……其應吟神詩。有染病者爲代彼祈禱求神，……爾等相認過錯，相代祈禱求神。（V.27–28.）

梁發又曰：「每遇禮拜安息之日，不用做工夫之時，則愛看眞經聖書（VI.9）……後禮拜安息聖日午時我去求米先生施洗禮與我……又與我同共跪下祈求神天上帝施恩垂憐」（VI.11）。「聖保羅曰：余最先請行，懇求，祝禱，謝恩，爲衆人，爲列王，……使吾安靜平和過生。……余則願人到祈禱之處，舉潔手，無怒，無爭……婦人亦然」（VI19–20.）「又要日日朝夕誠心，拜求神天上帝」

（Ⅶ.12.）

這類一鱗半爪之詞，很難見諸實行。洪秀全要用他自己的聰明才智，揣摸試驗。其模索探討之經過，韓山文很清楚的告訴我們說：

> 其始秀全關于宗教儀式一節，本無確定主意。當彼毀去家裏偶像之時，祇以紙書上帝之名以代之。甚至用香燭紙帛以拜上帝。……廣西教徒聚集禮拜時，男女分坐，先唱一首讚美上帝之詩。畢，則由主任人宣講上帝之仁慈，或耶穌之救贖大恩，及勸誡人悔罪惡，勿拜偶像，眞心崇事上帝。……
>
> 洗禮……在神台上置明燈二盞，清茶三杯，畢，新教徒……並以盆中水自洗心胸，所以表示洗淨內心也。彼等又常到河中自行沐浴，同時認罪祈禱求上帝赦宥。已受洗禮之教徒即領受各種祈禱文，于早晚及進膳時念之。……祈禱時，教友共向一方下跪，均面朝陽光入室之處。衆閉目，一人代衆籲請（起義記，17.），

勸世良言中有「如何拜上帝」的問題。其回答是「不需人手所造廟宇立像而拜之。乃在當空潔淨地方，或潔淨廳堂，或潔淨小屋……隨處而敬拜之」（Ⅲ.9.）

這幾句話雖不太緊要，而太平天國一代尊崇之。即在南京，亦未建造大禮拜堂。據親身目睹者呤唎（Lin-Le）說：

> 太平天國的禮拜堂，不是單獨的建築物，而是附設在主要政府機關或王府中的聖堂，或天天父堂，專爲禮拜眞神之用。天父堂，毫無例外的，是每一大廈中最重要的一部分；除爲宗教之用外，絕不許移作別用(Ti-Ping Tien-Kwoh, I.324.1866ed.)

十曰言行影響　勸世良言所說的話，尚有不少對於太平天國之語言行動發生影响。略舉數例，以概其餘。

> 「我是有罪過之人，若不倚賴耶穌代贖罪之功勞，而我之罪過，怎能求得神天上帝白日赦免」（VI.10b）。

「吾儕罪惡實滔天，幸賴耶穌代贖全」這兩句詩，頗似由上文引出。據說秀全讀勸世良言後，尋得解釋病中夢兆的關鍵，一時高興，乃作這一首悔改詩（起義記P.9）。吾儕二字，梁發常用（如Ⅲ.19, V.5b, Ⅶ.16b.）之。

耶穌自天降地……凡信之……者，……得享嗣眞福；不肯信之……者，要受永苦。（V.14b）

這也許與洪秀全的對聯：「信實上帝終有福，不信上帝終有哭」（起義記頁20）有點關係。

楊秀清何以敢命責打洪秀全四十板（天父下凡詔書二，見太平天国Ⅰ.31）？答曰：因爲楊有聖經作後盾，引在勸世良言。

聖保羅曰，蓋神所愛者，則責之，又有所接之子，則鞭之。汝若是忍責，故神待爾如子，蓋何有父所不責之子乎。（V.11b）

楊既代表天父發言，而洪秀全是天父的次子，所以可命令打兒子一頓。雖然因爲洪「俯伏受杖」，悔罪，「我便不杖爾」，而楊秀清便從天王府中挑去幾個美貌的宮女服侍他本人。

「斬妖除邪」（Ⅲ. 2）也許是秀全造「斬妖劍」的啓發。

因義而接受捕害者福矣，蓋天之國屬伊等，人將毀謗爾，捕害爾，又妄稱爾各樣之惡爲我名，爾則福矣。（I.12b.）

當遇患難之時，恆務祈禱，求神垂憐（V.23b）。

人……必要歸至天堂之家爲心，故忠臣孝子，視死如歸，靈魂本在天堂而出，歸至天堂者。總是靈魂生命之本家。（IV3b）。

上引三條，可能是太平天國的戰士，尤其是老兄弟，戰敗時在戰場上祈禱。或如天京淪陷後，太平軍視死如歸的宗教麻醉品。

「婦輩順服汝夫如宜於主焉。」梁註：此言婦之道，以貞正爲本，遜靜品氣奉事翁姑，遵服丈夫，順服於禮，事之如主。「夫輩愛汝妻無加之苦矣」。梁註云：加之以苦楚悽慘艱難之窮日。(IX.14.)

> 婦輩，當服其夫，如服救主也。蓋夫爲妻之首，如救主爲公會(Church)之首，……妻……凡事當全順厥夫也。……夫輩當愛其妻如愛己也…妻乃畏己夫也。(原文："The wife see that she reverence her husband" Ephesiaus. V.33,(勸VI.4b.)
> 婦人在以脂色雲髻，非帶金球，非穿錦衣，婦默學于全順，余不許婦人主管，訓誨丈夫，乃宜含嘿(今譯「只要沉靜」。VII9-20.)

洪秀全一面講男女平等，一面奴役女性，强迫她們服從、靜默。這些思想，充分的表現在天父詩中。恐不免多少受了勸世良言一些影響。馬禮遜譯敬(Reverence)爲畏，於是敬夫變爲畏夫，又害女人不淺。

且洪秀全之多妻主義，也許誤讀舊約創世紀(VI. 2)：「神之子輩(The sons of God)遇見人之女兒爲好看，則隨意娶之爲妻」(IV. 16.)。太平天國的慣例，凡經過婚娶手續的，就不算奸淫了。甚至洪秀全的葬禮，亦不免受勸世良言之影響——「將香水洗救世耶穌之身，把白布包裹，安葬于石穴之內」(III. 16)

洪秀全對待西洋人，雖然採取不屈不撓不卽不離的待遇，大體說來，還算客氣。這點梁發對西洋傳教師的稱贊，可能作了先導：

> 西域有羅巴列國諸賢，廣發仁愛之德，竭其愛世之心，不殫勤勞，不惜費金，習識漢文字義，將爲世眞經聖理，翻譯漢書之文……流傳中國(III. 7.)

另有一假誇獎西教士之文(VII. 19)大意略同，詞長不錄。

忽略與反響　然勸世良言之詞義，有爲洪秀全所忽略或發生反響者。如書中屢言十字架，屢用基督之名，而太平軍未負十字架，未用基督教之名。

或曰勸世良言的宗教，遺漏了登山寶訓與黃金律。今按實際未遺漏，見卷一頁十八以下，引馬寶「太」福音第五至第七章，因馬禮遜之翻譯，太不引人注意了！

如云：「心貧者爲福矣」，今譯「虛心的人有福了。」

又云：「故不論何人犯其律誡之至小，或教他人犯之者，則於天之王必被稱至小也。惟不論何人守其律誡而教人者，則其稱大於天之王也」（I. 19）此語幾百讀不得其解。

又云：「乃若有何人向右臉打爾等，即轉與之以別臉也」（I. 21）

這句話雖可以懂，但遠不若今通行本：「有人打你的右臉，連左臉也轉過來由他打」之生動，能引人注意。

爾等凡欲他人行與爾，則如是行與他人也。此乃誡之律也，乃先知者也。（I. 24）

今譯：「你們願意人怎樣待你們，你們也要怎樣待人，因爲這是法律和先知的道理」（馬太福音 7. 12.）。

這就是有名的黃金律，相當於孔子所謂「己所不欲勿施諸人」，又曰「其恕乎」。馬氏的譯文，實在不能引人入勝，無怪洪秀全忽略過去了。登山寶訓與黃金律是基督教理最重要的一部分，注重愛，注重恕，注重仁，而太平天國最缺乏這種精神。那麼馬禮遜之譯文，實在是貽誤蒼生！至於聖餐典禮，梁發未曾引用；洪秀全未正式受洗，在羅孝全處，也未見過，故終太平之朝，少有聖餐儀式。

又有人說，洪秀全極注重舊約中專制式的上帝，而忽略了耶穌的行誼。但在實際上梁發書中講了不少耶穌的行誼，尤重忠恕之道、仁愛之德，但不甚爲洪所重視，所以忽略了。

神天不省就滅盡，乃仁愛憐恤世上之人（V. 4b）
勿負神天上帝仁愛之大恩。（VII. 17b）
聖經可林多上篇第十三章論仁愛之道。中云「我若能移山，……而無仁，卽如無物」。（VII 24b.）
列愛輩(beloved)，吾等應相仁愛，蓋仁愛由神，各有仁愛，卽由神而生，且識神，無仁愛不識神，蓋神乃仁愛（VII. 25b26'）

此處馬譯不很明白，原文是"Beloved lit us love one another: for love is of God; and every one that loveth is born of God, and knoweth God"（I. John IV. 7）。

神天上帝至公義者，至慈憐者，至忍耐者，疼愛世上之人，如父母愛子女一般……沒有一毫偏愛，獨係常施恩憐慈愛世上各處之人而已。（VII. 32b.）
倚賴救世主耶穌暗助之能，非仁愛之事不敢爲（VIII. 17）
宜衣慈悲之腸，善良，謙遜，端正，忍耐，相當，相恕……如基督恕爾。（梁發註釋云：行移坐臥，切要端正，凡事務以忍耐爲先，務必推己以及人而相恕之（IX. 13.）。）

這些引文都把仁恕仁愛講得很明白。秀全不從，或因兵革之時，無法遵守仁恕之道，亦未可知。如馮雲山在全州受重傷時，太平軍回過頭來，攻克全州城，爲「復仇雪憤，焚殺三日始封刀」。這也許如勸世良言引創世紀，若加因（Cain）之報讐爲七倍，則拉麥（Lamech）之報讐將爲七十七倍也（Ⅷ. 28.）

又有聖經及梁發所反對，而反爲秀全所採取者：

點蠟燭，燒元寶，以三牲酒醴，拜跪向各神之位（I. 8.）。

所羅門爲一國之主，富貴已極……大興土木之工，尋訪奇巧奧妙精工，……乃思女色人以爲快樂……選擇妻妾妃嬪之人，嬌嬈之女，千數之多（IV.11）。

好貪財色，愛納少妾，獨圖娛樂之欣歡，不思身後靈魂却有無限永遠之苦（II.12b）。

自恃驕傲之心，昂眼高尙，奢侈自大（VIII.10.）。

未識神天上帝者，只估眼而所見之事爲緊，故其之心，日夕思念，獨立財利功名，衣食酒色，福壽子孫，體面威勢等，這各般之事而已（VIII.15.）。

又不可或爲占卜，或解夢兆，或做巫婆巫師之事，……神天上帝所惡也（IX15-16）。

上面所引，對於洪秀全病中所見的上帝，及他在天京的生活與驕傲的態度，楊秀淸與蕭朝貴之代上帝耶穌發言，形同巫師等行動，恰爲良好寫照。梁發反對這些事情，而洪實得其反，殆非始料所及。

勸世良言與太平天國革命之關係

勸世良言對於太平天國革命，有很多間接的關係，很少直接的關係。梁發之書，教人信上帝，安分守己，奉公守法，是一部良言書，不是一部鼓吹造反革命的書。且書中有很多定命論的詞句：

貧窮雖極，亦不須太過傷心，惟固窮守分，凡事聽命于神天上帝（IV.1b）。

定于天命者，雖貧困不堪，而心亦樂，因知窮通得失，總由上帝所定命，不能强求也（II.24b.）。

夫人苟不安分知足者，貧窮之時，定然妄意糊爲，貪心亂想，常懷忿恨之意，見人財利順達，則心中妬忌不已，自己窮困，即怨天罵地不止，終日獨想得富足之心，不思安分守己（IX.8.）。

遵奉神天上帝……不是要人改變國法，又不是要人變換服色，……不干犯王章法度。……夫君王之旨，聖賢相傳仁義之大道，固當從順。……但神天上帝……之意旨，還不該遵信而行乎（VII.20–21.）。

而洪秀全早年的思想（一八四三至一八四八），也是趨向定命論，反對造反，反對革命！從他的親手著作，可以看出。如原道救世歌云：「白起項羽終自刎，黃巢李闖安在哉？」這不是奚落鼎鼎大名的革命英雄嗎？此歌又云：「聚黨橫行天不佑，罪惡貫盈禍自隨……殺一不辜行不義，卽得天下亦不爲。」這不是反對革命造反嗎？此歌繼續云：「總之貧富天排定，從吾所好自徜徉，孔顏疏水簞瓢樂，知命安貧意氣揚。」這不是洪秀全的定命論嗎？「富貴在天生命死，何爲惑世顧肥囊。……順天者存逆天亡，尊崇上帝得榮光」。這不是與梁發勸世良言中的思想，如出一轍嗎？

洪秀全的原道醒世訓，亦云：「獸畜相殘還不義，鄉鄰互殺斷非仁，天生天養和爲貴，各自相安享太平。」這是反對流血，勸人和樂相處，共享太平，何曾有革命思想在此中？

稍後秀全作了一篇長文章，名原道覺世訓，謂「天下皆一家，凡間皆兄弟。」不過他提出閻羅妖，一名詞，有人便以爲此「妖」卽指滿洲。實則看全文，閻羅妖絕無指滿洲之意。洪秀全在作此文之時，仍是口口聲聲勸人拜皇上帝，不可拜一切邪神。閻羅妖注生死之說，絕不可靠。「死生有命亦是定於皇上帝已耳」……「自秦漢至今一二千年，幾多凡人靈魂，被這閻羅妖纏捉磨害！」「溺信各邪神，則變成妖徒鬼卒，……死後被鬼捉，永遠在地獄受苦」云云。

由此看來，洪秀全雖在一八四三年細讀勸世良言，卽與其親戚朋友，彼此受洗，打破偶像。而在此後兩三年所寫的三篇重要著作，却找不出一點有革命的思想與民族英雄的表現。且洪在一八四七年與其堂弟仁玕，同在廣州美國敎師羅孝全（I.J. Roberts）處學道，秀全合計學習了約三個月，讀了新舊約，他要求受洗，並要求在敎會謀一小職。羅牧師惜其動機不純，拒絕施洗。這又是洪考試失敗後一大失望。假如他在敎會得一枝棲，可能長期住下去。若此時已決心作民族英雄，旣在廣西立了拜上帝會，會員日日發展，則洪又何必低首下心，至外國敎師處求道？可見一八四七年時，秀全尙在徬徨岐路中，尙在爲一生衣食打算盤。

自從廣州返廣西，秀全重晤馮雲山，不久因打甘王爺廟、六洞廟等，馮雲山下獄，秀全藉故援救馮雲山又跑回廣州，而且從廣州回家鄉，一住就是半年之久，幾乎放棄了拜上帝會的責任。且家居數月所作的事，仍不外要人恪守天條，嚴禁通姦誘姦等事。這可證明在一八四八年，洪秀全尙未露面挺身而出，作一個熱心的革命領袖。他稱滿人爲妖，恐怕是一八四九或一八五〇年的事。

但是洪秀全病中及病後所作的詩，如「手握乾坤殺伐權，斬邪留正解民懸」（一八三七年作，見起義記頁六下）。「手持三尺定山河，四家爲家共飲和」（一八四三年作，同上頁十一下）。「朕在高天作天王，爾等在地爲妖怪，迷惑上帝子女心，面見然敢受人崇拜。上帝差朕降凡間，妖魔鬼計今何在。朕統天軍不容情，爾等妖魔須走快」（太平天日，見太平天国II. 467）。這些詩詞（其他尙多未備引），不是表示洪秀全從一八四三年細讀勸世良言後就成了革命家嗎？

可是這些詩詞，見於太平天國起義記的，多半是洪仁玕逃難至香港，十餘年後的追述，詞句亦間有出入不同之處。見於太平天日的，是作於一八四八年而在一八六二年才印出來的官書。而太平詔書

（其中包括原道救世歌、百正歌、原道醒世訓、原道覺世訓）皆是一八四五及四六年兩年中洪的親手寫作，一般研究太平天國的專家，皆認爲是洪秀全的原著少經竄亂。那麼，比較這兩種原料，起義記與太平詔書，後者的史料價値，當較高於起義記。起義記是由洪仁玕口述、瑞典人韓山文筆譯，絕不及洪親手著作之足憑。洪自一八四三至四八年的行動，亦可以證明他是言行一致。在此時間，他是狂熱的信道者，而非勇敢的革命者。太平天國的革命，是受勸世良言間接的影響；而非讀了勸世良言後，洪秀全立卽就去革命了。如果後說屬實，梁發之坟墓枯骨恐早已被處罰，拋至九霄雲外了。

梁發編著此書時，也煞費苦心，因爲他對國人要作心理上的戰爭，他說：「甚願中華大國之人，觀此書者，勿徒恃禮義之邦，文華之國，必要虛心理會，忘乎國之禮義文華，泯於道之傳自何方，準情度理，祇思神天上帝生我爲人，而人所以爲人者，眞經聖道福音之理也。閱書如是，則庶乎可得其奧妙之深意矣」（VII. 21）。

梁氏這幾句話，非常重要。他作勸世良言，在一八三〇年頃，可謂是中國人向西方尋找眞理最早者之一，早於魏默深、林則徐等人。他知道中國一國人才多偏於驕者也，滿招損。因爲中國是文華之國，禮義之邦，故不願虛心向外人學習，因而洋務運動、維新運動等，皆落於日本與暹羅之後。梁發誠有先見之明，深知國人病根，乃敢痛下砭計。梁氏之苦心孤詣，可以永垂不朽。

至於太平天國之革命，宗教思想固爲原因之一，而當時的政治社會經濟，天災人怨，尤其是廣西的特殊情形，會社活動，土客相爭等等，皆是促成大革命的直接原因，因不在本文範圍之內，故未提及。嗣禹末學膚受，以上所論者，雖根據客觀史實，仍恐不免謬誤，願大雅教正之。

一九六五年三月草於美國印第安大學。

子曰道不遠人

勸世良言

學善居士纂

嗎六呷英華書院藏板

勸世良言目錄

聖經雜解卷二

聖經雜論

論善人至終生災難盡息眞福齊來

論人不信神天上帝赦罪恩詔之福道該受的永禍

眞經格言

論聖經耶利米亞篇二十三章

論人在世界之上要分別善惡而行

論蒼天厚地及萬物於世盡日被火燒毀

論未識神天上帝與識神天上帝之人念圖不同

論聖經創世篇第四章

古經輯要

勸世良言目錄 終

論元始創造男女二人違犯天條大律引災難入世界

聖經創世篇三章全旨

夫神爺火華所造田野各獸、其蛇爲尤狡、且邪神變爲蛇魔對該女人曰、爾必不可食園內知惡樹之果、這一句話、實是神爺火華所言乎、該女人答蛇魔曰、園內各樹之果、我們可以食之、惟園中一根惡樹之果、神爺火華乃命我們曰、爾不可摸之、不可食之、不

子曰道不遠人

勸世良言

鳴岐明爽善書院藏板

學善居士纂

聖經使徒行篇

第十九章

蓋亞波羅在可林多時、保羅旣遊上方、又至以弗所、遇數徒問之曰、爾曹敬信福道之後、領聖風否、曰我輩並有聖風否、未曾聞之、曰、且因誰已領洗乎、答領若翰之洗、保羅乃道、若翰果施悔洗、教民必信向於其後而將來者、即耶穌基督也、伊等聞此、遂因救主耶穌之名領洗、保羅乃置手其上、而聖風臨之、即講

勸世良言

GOOD WORDS
TO
ADMONISH THE AGE;
BEING
Nine Miscellaneous Christian Tracts.

BY LEANGAFA, OF THE LONDON
Missionary Society.

1832.

Printed at the expense of the Religious Tract Society.

CANTON, CHINA.

美國哈佛大學藏廣州刻本

勸世良言卷一

論元始創造男女二人違犯天條大律引災難入世界

聖經創世篇三章全旨

夫神爺火華所造田、野各獸、其蛇爲尤狡、且邪神變爲蛇魔對該女人曰、爾必不可食園內知惡樹之果、這一句話、實是神爺火華所言乎。該女人答蛇魔曰、園內各樹之果、我們可以食之、惟園中一根惡樹之果、神爺火華乃命我們曰、爾不可捫之、不可食之、不然、爾則必死矣。蛇魔對該女人曰、爾未必死矣、蓋神知爾食之之日、爾目則啓、且爾爲似神、知善惡者也。該女人既見樹爲好看、必好食、乃欲可以使得智之樹、遂摘其果而食之、又以之給其夫、且他亦食也。其兩人之目則啓、而知其赤身、卽縫連無花果樹之葉、而做遮自己半圍之身、蓋於日之涼時、伊聞神爺火華行園內之聲、故亞丹與其妻藏匿於園樹之中、欲自避神爺火華之面、神爺火華召亞丹謂之曰、爾在何處、對曰、在園中、我聽見神之聲、則懼、並因赤身、卽藏匿、神曰、誰達爾識曉爲赤身、我所命爾不可食之樹果、爾已食之乎。其男人對曰、爾所賜我之女人、其摘此樹之果給我、而我卽食之、神爺火華謂該女人曰、此爾所行係何耶、該女人對曰、蛇魔誘惑我而我即食、神爺火華謂蛇魔曰、因行此故、爾比各禽獸及田之各牲口更爲咒詛、爾一生之衆日、必在肚走而喫塵、且我將置仇恨在女人與蛇之中、並在爾種連伊種之中、其將擣傷蛇首、且蛇將擣傷其脚跟也。神爺火華謂該女人曰、我將令爾大加受孕之悶、以悶爾將生子、爾欲必向丈夫、蓋其將管着爾、神爺火華謂該男人亞丹曰、因爾聽婦之聲、而食了我所命爾不可食之之樹果、故爲爾地屬咒、由之爾一生之各日、必以勞苦而得食、如是地與爾乃萌荊蒺、爾將食田之菜、以面汗爾將食饅、迨爾亦歸地、因爾從地塵而被取、蓋爾屬地塵、故必歸地塵矣。當時亞丹呼己之妻名依活、蓋其爲萬生者之母也。且神爺火華造皮衣、與亞丹及其妻而穿着該男女二人、神爺火華曰、夫該兩人以爲似我等之一、乃知善惡、恐其伸手將食生命之樹而活於世世也。故神爺火華遣之出希但之園、命其耕所被拿出之地、蓋神爺火華逐其男女二人出極樂園中、而安置於希但園東方之嘩路比麥、以焰劍同復轉回不已、而守生命之途矣。

緣此因亞冉一人犯了天條大律之罪、遂引災難艱苦入世界之中、而因犯罪、以致凡屬人類者、皆有死流及於衆人也。且既有犯法致俱流通其屬死之罪、蓋世人既犯罪惡之汚、誰能由汚穢之物、而取出潔淨者乎、無有能者也。嗚呼哀哉、可惜元始男女二人、一念之差、遂被魔鬼誘惑、惡情乃生、頓起貪心、不守天條大律、致引萬般艱苦入世界之中、所以古今之世、不論富貴貧窮賢愚之人、疾病死亡、諸般災難、無有能逃脫之者、都因元始男女二人、因犯天條大律而至、即萬類雌雄、故出惡慾交媾受孕而成胎是以世上之人、、脫娘胎就有惡性之根、嬰兒幼少壯老等人其肉身血氣之性沒有無惡性之情因此世人必要受死之苦總不能逃脫此難也。

論世人迷惑於各神佛菩薩之類

嘗察創世歷代眞經之書元始造物之義悉由天地之大主自然而然之神的旨意造化生成天地神使及萬類之物且始初之人亦由地塵而造之乃稟自然而然之神付以正氣而活其形降賦純一不雜之德以成性故人爲萬物之

活靈蓋始初受造之人性本全善無惡苟能固存活靈之志蛇魔必不能誘惑矣。嗚呼奈因初受造之人不能恆守活靈之志以致被蛇魔誘惑干犯天律遂引萬惡入世諸苦災艱難亦齊來矣。所以惡風漸入人心善性致亂活靈之志亦漸離善矣。故後世之人不由正氣而成胎乃懷惡慾而受孕是以人生出世就有惡根在心以致行惡則易守善卽難況且蛇魔常在世界之上專以邪風誘惑人心作惡爲能所以各世代之人走向惡路者多而行善路者甚少也。間或有人愛走善道者亦係泥於習俗之風、尊尚塐偶、而不知崇敬天地之大主、此無他、因失了活靈之志、遂不能追想推度本原之義、非其誠無知也。蓋其愛走善道者、尚且迷亂錯失、何況不欲善義之人、豈不更亂錯走乎。夫人失了活靈之志、遂不知眞經本原之奧義、只各隨私欲、貼從風俗行之而已。所以世世加惡、代代增愆、世代越遙遠者、更越爲惡也。只因眞經既不能明、是以各皆隨邪魔邪道之路、不識有造養人物之大主、而不知敬拜之、反去奉拜人手所造各偶像爲神、蓋上古之世、不過拜山川社稷忠臣義士之偶像、則近來之世代、士農工商上下人等、各用自己之意、做出無數神佛之像而拜求之、或用紙畫的像、或紙寫的字、或石琢的像、或木板刻的字、或木彫的像、或埿塑的像、或四方之石、或三尖的石、或瓦燒的像、總總之物、不能屈指而算、各以自己之意立之、亦各用自己之心拜求之、朝上香燈、晚化紙錢、竭力誠心、都係向此些死物而求庇佑、誠爲可笑、亦實可憐、即如儒釋道三教、各處人尊重者、即儒教亦有偏向虛妄也、所以把文昌魁星二像立之爲神而敬之、欲求其保庇睿智廣開快進、才能考試聯

捷高中之意、然中國之人、大率爲儒教讀書者、亦必立此二像
奉拜之、各人亦都求其保佑、中舉中進士、點翰林出身做官治
民矣。何故各人都係同拜此兩像、而有些自少年讀書、考試乃
至七十八十歲、尙不能進黌門爲秀才呢、還講什麽高中乎。難
道他不是年年亦拜這兩個神像麽、何故不保祐他高中呵。由
此推論之、亦是儒教中人妄想功名之切、遂受惑而拜這兩個
偶像、而不以虛靈之志、追想尊敬
天地之大主、管理全世界富貴榮華之神、乃合正經大道之聖

理也。乃以人之主意、用手作之像、拜之爲神、豈合天理乎。又那釋家的和尙、專心誘惑男女、敬佛拜佛、可往西天享極樂世界、且各和尙一些善事不做、好事不爲、獨係朝夕念經拜佛、欲想成道往西天享極樂之意、但莫說成道往西天、無人所見、杳冥之事、暫講他們寺觀裡面、多少和尙在病房之內、睡在牀上、受苦不堪、呌喊號哭、又有些在街上討錢丐食、甚難過日的、或餓死於山上路中、屍骸稀臭、霉爛生虫的、又有衣服淸潔、穿紬着緞的、又有些飽煖、乃思想姦婬邪色的、然其各和尙均是奉拜佛祖皆無事業謂何有些財多有些貧乏有些受極苦而死者因佛祖不過係死了之人自顧不暇焉能護佑他們蓋他們所想望脫凡屍成正道往西天享極樂之世界都是虛望之極何曾見有白日昇天成佛的和尙呵。由此觀之其釋家之糊塗亦是自已被迷不過假佛爲名謳騙善心男女之人其則從中施謀圖利益已之意那有能幹的以詭計容易誘惑人家則有錢財豐足享用那無能幹的已入了迷局欲想還俗又怕駭羞更兼身子懶怠已慣不欲做甚麽辛苦工夫故此此親朋不肯資助無奈何只要在街上化錢討食、受苦難而死、屍骸暴露、埋葬尙要求人料理、還說什麼成道往西天享極樂乎。都是謊人惑人而已矣。豈能以人手所作之像而奉拜之、欲求福者、正是緣木求魚也。則世人何故信從而奉拜之乎、只因各懷私意、彼此受惑而不自覺耳。又那道家奉事三清、及三元之像、日日雖然朝夕奉拜之、恐尙不知各像是某朝好醜的人物、立了各像之位、即朝夕念經拜跪於各像之前、欲求保護修成正果、可學神仙之路、然各道士欲爲神仙者、未見有人昇天上爲神仙、乃見許多在街上討錢丐食、饑寒不堪、被人恥辱、況且他們今在世上之時、三清三元之像、不過坭塑木彫紙畫之形模、焉能保祐他飽食煖衣、何況能度他們昇天爲神仙乎。亦是道家癡心妄想、迷惑於神仙之路、奉拜三清三元之偶像、而不以虛靈之志索求本來造養人類萬物之主、尊心敬奉崇拜之、乃可獲求常生眞實之福、舍此自然而然之神、不肯敬拜之者、任你拜盡千百萬様之神像、亦不能求得福、反有後禍也。已上三教所謂明白道理者、尙且如此受惑、而不能省察自知、何況那些農工商賈

之人、更受迷惑乎。比如那些行商大富戸之人、家內廳堂常供
奉觀音、及財帛星君、招財童子、地主財神、門官土地、五方五土
地主之神、井神等、朝夕燒香點燈在各神之位、又每月初一、十
五之日、及四時八節年歲、各皆要點蠟燭、燒元寶、以三牲酒醴、
拜跪向各神之位、酬謝各神保祐發財之意、又求各神保護日
日發財、年年生子、人口平安、家門旺相、無災無難、稍有家中之
人疾病不安、或財帛不多順利、即叫道士到家中吹簫作樂鳴
鑼打鈸、念經通宵、多燒元寶蠟燭紙錢、多燒火爆、以爲讚頌家

內家神門戶必定興旺人口定獲康寧財帛亦多增進之意是以行商大富戶之人所受迷惑者而拜自做自立之神也又那農夫工藝各行人等所惑跟隨奉拜各樣之神像者那耕種之人則奉拜社稷穀王爲神言后稷始初教民稼穡然後纔曉稼穡耕種之事穀王言百穀由他所管是以耕種之人常奉事社稷穀王爲神求其保護風雨調勻多賜生長五穀之意稍遇禾稻被虫傷鼠耗之時則多多跪拜懇求社稷之神驅除剿滅鼠耗傷禾之虫總沒有人得知禱求造化生長萬物之主是耕種

之人、受迷惑於社稷穀王爲神、倚賴之保祐也。又那裁縫之人、
則立軒轅爲祖師、言始初做衣服者、實由軒轅教人、纔能得知
做衣服之事、故裁縫人日夕奉事軒轅之像、拜之爲其之神、亦
望其庇佑、發財旺相之意也。又那做木匠之人、則立博望侯魯
班先師爲神、言做木料之事、始初係魯班先師教人以規矩、纔
曉得做木料各物之事、是以做木匠之人、奉拜魯班先師爲神、
每日早晚燒香點燈奉敬之、若遇神誕之日、則演戲慶賀之、欲
神歡欣保祐、通行衆人、都好生意、大發財帛也。此又是木匠之

人、不知崇敬天地之大主、乃受惑於魯班先師、爲其之神也、又
那些婦女之人、多多奉拜觀音菩薩、及金花夫人、送生司馬各
像爲神、言觀音菩薩、本是女人、有慈悲之心、知道女人辛苦艱
難之事、必定恤憐女人之意、金花夫人、係多兒子之女人、言其
必令女人亦多生嬰孩、無子生者、常拜求之、欲其賜生兒子之
意、送生司馬、言其係傳送嬰兒之神、女人拜求之、欲其傳送快
生、不受產難之苦、這三樣之像、婦女之人、常常跪拜哀求之、或
許以金花寶燭、三牲酒醴、或許以燒猪牌扁、如若求得果生嬰

兒遂還所許之物酬謝神恩這是女人受誘惑所敬拜之神那些行船走海面之人則設立北帝天后洪聖寫了各神之銜貼在船上朝夕點燈燒香而拜之求各神保護船在海面往來不受暴風所害四時行走平安順利發財之意這是行船之人被誘惑所藉賴之神也尚有各行手藝之人所奉拜倚賴之神者還有許多不能盡述不過略舉數樣以證士農工商及富貧男女各人迷惑了虛靈之志死心蹋地彼此跟隨越拜越眞若有不拜各神佛之像者反被衆人恥笑然則孰敢不隨衆而招恥

笑乎。還有各省、各府、各州、各縣、各墟場市鎮、各鄉村男女風俗、建造神壇社廟、或用泥塑之像、或木彫之像、或石琢之像、或用紅紙寫神銜之字、或以紙畫之像、或三尖之石、或四方之石、或一株大樹等、不論甚麽樣、人已安立之奉拜爲神者、則男女各人皆趨向而拜求之、偶然或有些靈應吉兆、遂傳揚於各處、則遠近之人、皆必到此廟之像前求拜之、隨各人所望得之事、不拘靈驗、不靈驗、只見人多拜之者、則以此像爲靈神、那廟祝値事之人、乘此熱鬧、則開緣簿、或說修廟宇、或說神像出遊、遂往各處舖戶人家、簽題銀錢、或叫道士開壇建醮、演戲、或擺設頭鑼執事、裝扮些女色、鼓樂喧天、擡此神像往各處街道遊玩、以爲這神像經過之地、人民俱獲平安、六畜興旺、添丁發財、五穀豐登之意、則各人歡喜之致、安樂之極、衆人都說道破些小財、必獲神恩庇祐、發大財也、因各人先有私意貪圖、然後纔起拜求各神像之心、或安立家內、朝夕敬奉、或去到廟堂裡面拜求、亦非無意憑空拜的、因私意一萌、遂致無所不爲、徒求熱鬧、害民傷財、費時失業、莫此爲甚、殊不知世上之人、所有吉凶禍

見若米一章十七節

福之事亦是自作善惡而招禍福、所以易云作善降之百祥、作不善降之百殃、又聖者米士云、凡有之好賜是由列光之大父無有反復之影者而下來、即是天地萬物之大主、所有富貴光榮皆由之而下來、亦是全世界衆人之大父、即稱神天上帝、凡有好福祿乃由之所賜、就是災難艱苦之事、亦是神天上帝所降、非是人手隨意所作、拜神佛菩薩之像能賜吉凶禍福與人、而世上之人偏要癡心拜之者、何也、無他、只因狥人欲之私、亦有不知造物之主、跟隨世俗之風、胡亂拜求之、不拜之者、心亦不安也。又因世人之心被魔鬼邪神以邪風迷懵於心，膠固於神佛菩薩之像，致不能尋索原本始創眞經聖理之義，故爾如此受惑，而皆以爲有智者所行，應該拜求之意，豈不可惜哉。甚爲痛惜之至也。倘有仁愛之人，知眞經聖理之旨，將其意義編輯小書，分送勸戒世上之人，不可拜人手隨意所作弄神佛菩薩之像，乃要獨敬崇拜原造化天地萬物之大主，纔合正經之道理，則世人必說此是邪教之書，異端之道理，那有勸人不可拜各神佛之道理，算得係甚麼道理呢。定是天主教之人造化異端、誘惑世上之人、這些邪教異端、只可哄騙外國不識道理之人、我們大國文理人物、豈信此邪道哉。殊不知在開闢之初、無人類之先、天地之大主、自然而然無形無像之神、獨造了一男一女之時、這些佛祖、菩薩、神像、在何處而出、且佛祖菩薩、亦在何朝纔有、況佛祖菩薩、未投胎出身、未昇天爲神、未有佛祖菩薩之先、是誰管理世界各樣之事、由此推論之、佛祖菩薩神仙、焉能有權管理世界上各事乎。怎奈世上之人、彼此受魔鬼迷惑了心、不能追想原始造化天地人萬物之大主、都係彼此跟隨拜些手作之像、服事爲神、況且要人死了之後、纔爲神保佑人、比如那人未投胎出世、未死未爲神之先、是誰能保佑世上之人、所以聊述此意、勸戒世人不可奉拜神佛菩薩偶像者、乃係追本究源的大道理、非是異端邪道誘惑人也。蓋世上之人、雖不能得見天地萬物大主宰之形像、而亦可見宇宙之內、或生或死之人、及飛潛動植、生長盛衰不測之物、則可以推度固知實有一個造化天地萬物之主、管理世界上萬國之人、否則不能成此大世界、卽春夏秋冬之令、四時運行亦不定也、諒必亦有人說云、此是太極陰陽之理、一定之數、自然化生萬物、非有主治宰制、皆理之神、外國蠻貊之人、不識聖賢大道理者、幾論有神造化天地萬類之物、明理察物者、必不如此說也、照如此說者、亦是虛靈之志已失、安於自義、汨於私欲、只知習俗成風焉能追索眞經奧妙之義哉。蓋其能知眞經奧妙之旨者、亦非其之道德超越於衆、實因其有謙虛之心、乃獲天地之大主、自然而然之神、以聖神風感動其靈魂之志、所以能知眞經奧妙之義、故不敢蘊匱而藏之、乃恪遵天地大主默照啓示之恩命、宣傳頒行於天下、以致天下之人、皆知原始造化天地人萬物之大主、追本尋源、齊心丟棄一切人手所作之像、不可拜之、獨存心敬拜原始造化天地人萬物之大主、把天下所有之廟宇、盡除去各樣偶像、如眞經神介先知以賽亞云、其各彫刻偶像之神、皆破陷倒地矣。乃改變爲奉事天地之大主、自然而然無形無像之神堂、正合天下萬國如一家之本義、古今之世、皆一體之意也。凡有血氣者、所宜追思默想之、試看是篇、可合正經大道理乎。

見以賽亞四十四章

造化天地人萬物之大主、自然而然之神、赫明普照、鑒察賢愚、報應不爽、其所以默照啓示本源奧妙之旨、警惕世人者、不啻耳提而面命矣。而猶恐世人無所遵奉以行之也。於是大發慈悲、特賜救世主傳授各使徒、以人宣示於人、其所以故爲是淺近之語者、亦望人淺而易奉、近而易行也。然言雖淺也、而其義甚深、言雖近也、而其旨甚遠、果能誠信奉行、則身可以修、心可以正、則虛靈之志、亦知尊崇天父爲神、其爲益誠大矣哉。

眞經聖典、神天上帝默照感動先知以賽亞、云凡製彫刻的神

九節至十二節又十四節至二十一節

像、皆然虛空也且其絕巧之工夫皆然無益也然也其之各工自爲證、以其看不見、亦不能曉悟也所以凡製各神像、或鑄彫刻的像、皆無益之物、概然可羞恥也且伊各夥伴概見著卽鑄彫刻及製偶像的匠人、亦將含恥也伊皆集會自立則吃驚而同羞恥也、蓋神天上帝化生各樹木、下雨淋之、伊自栽種槐樹、培養樹根致供人爲柴火各料所用、且伊以之燒火使自得煖、以之燒熱火爐而炕餅、伊亦以之作個神而拜之、伊卽用其餘木彫刻個偶像、則向之跪下崇拜之、告禱云、救援我也蓋爾乃我神矣。且伊等豈弗知此像、並非有曉悟、固知其眼已閉不能見其之心、是塞實、致不能正悟也。伊等弗自思想此像、並非有智或識、致云我經將木一分、火內燒之、我已在木之炭火上而炕餅、我用之熬肉而食之。且我豈可用其餘之木、又製個惡物、而跪下拜樹之身乎。夫伊所食乃灰也、心被迷惑、引他謬舛、致他無能自救己靈也。

引斯眞經原文格句、以結此書之義、蓋此經文詞意似屬極淺、但所以爲眞經之證者、必以此文詞乃合經典之奧旨、善讀者、虛心理會則知其詞義之深意也。

聖經以賽亞篇第一章 二節至末節

天者乎聽且地者乎附耳蓋神爺火華示言云。我已生而養子輩且伊等曾悖逆我牛者識其主驢者識其主之槽惟以色耳及世人無知也我民不思想也。嗟歟有罪之國一民以愆重負行歹之種使污壞之子輩伊等曾捨離神爺火華伊曾激以色耳聖一者之怒伊已背轉離開去矣。

何復責擊爾等爾將又加背逆也。全心以患疾全心以疲怯從脚之底、至首之頂無痊處、乃傷青黑、印腐瘡、非被挾被縛、又非被以膏、柔之、爾國將被荒野、城將被火燒、爾地方則在眼前、遠人吞之、係變荒野、受遠人之陷也、且向之女、則遺留似舍在葡萄園中、似草屋於黃瓜園中、似被圍擊之城也。倘諸軍之神爺火華非遺下我等餘剩之輩、我則似爲所多馬之城、又像我摩拉之城也。○爾等似所多馬之憲輩、聽神爺火華之言、爾等像我摩拉之民、附耳聽神爺火華之律也。神爺火華曰、爾等盛多之祭、何用哉、我曾以公羊之獻、以喂肴各牲之膏而飽矣。其公牛之血、或羔、或公山羊之血皆然、非我樂也。爾等既來以在我前、誰要爾行此乎。其香係與我爲可惡之物、其各新月、各安息日、與各傳至公集、我忍不得其齋戒、其異集之日皆然、爾新月、定期禮筵、我心恨之、伊皆勞我、至倦負之。且爾將伸出手求時、我要遮眼不看、又多祈禱時、我不聽、因爾手滿以血也。爾自洗潔、去爾行之惡、不在我眼前、休作惡、學行善、尋正道、審伸受屈者、以公道待無父輩、護助寡婦之事也。且來至也、憑我們議論、爾罪雖似赤的、必致白如雪、雖紅似丹顏、必致白似羊毛也。爾等若情願遵順、則將食地之美也。惟爾等若不肯、乃悖逆、則必致以劍被吞。神爺火華之口言是也。○誠實之城、何變爲娼妓之城哉。先前爲滿以公審、且義寓其內、但今變、爲兇手輩。爾等銀變爲渣子、爾酒以水被雜、爾各諸侯皆爲悖逆、若爲賊之伴、且各人愛賄賂而得賞、無父輩伊非公審之、又寡婦輩之事、非得至其前。故此神爺火華以色耳之聖一者云、夫我將除其仇、我將報我敵也。又我將再使手過爾上、及情煉爾渣物、並取去爾諸參雜也。我又將設爾審司如初時、及參議輩如於始也。後爾將得稱爲義之城、者誠之城也。句將公審而獲贖、又其虜者於義也。○又敗壞將並落於悖逆獲罪者之上、又捨離神爺火華者、將被滅矣。且伊等因所欲之栗樹將見羞、又因所擇之園、將懷恥也。蓋爾將爲似衰葉之栗樹、又似園無水淋者也。且勇力者、將爲似麻絖、及其工作、爲似火星、致伊兩同燒、而無可滅之者也。

聖經馬竇第五章至六章七章

救主見大衆隨之、卽登山而坐時、其各門徒就之、且其開口敎訓大衆曰心貧者、爲福矣。蓋天國屬伊等、憂悶者、福矣、蓋伊必將受慰也。謙遜者、福矣、蓋伊等必將享嗣其地也。伊等餓也、渴也、欲得義爲福矣。蓋伊等必將飽也。慈憐者、福矣、蓋伊等必將受慈憐也。心淨者、福矣、蓋伊等必將稱爲神之子輩也。因義而接受捕害者、福矣。蓋天之國屬伊等、人將毀謗爾、捕害爾、又妄稱爾各樣之惡、爲我名、爾則福矣。歡喜大樂、蓋在天爾之賞報大矣。蓋前爾之先知、伊等亦如是受捕害也。爾等乃似地之鹽、若鹽失其味、如何復其味乎。其則無用、乃必投出外、以致被人脚踐之也爾等乃世之光也一城置山上必不置隱也又人點燈非欲放之斗量之下乃放在臺上以使凡在家者沾其光也故使爾光發與衆以致伊等可見爾善功則使榮歸爾神父在天者也爾等勿想我來以廢律法廢先知輩我來非以廢之乃以成驗之也蓋我確語汝等知待天地過去之先律法之一點一毫斷不致廢不至無得其驗也故不論何人犯其律誡之至小或教他人犯之者則於天之王必被稱至小也惟不論何人守其律誡而教人者其則稱大於天之王也蓋我語汝等知爾

義若非勝於法利西輩與書士之義、爾則斷不致進於天之國也。爾等已聞古時有云、爾不可殺人、又凡殺人者、則致解審司、但我語汝等知、凡無故而怒其兄弟者、則致解審司、凡稱其兄弟徃、則致解公議、惟凡稱之云、負信的惡者、則致落地獄之火也。故爾若將禮物送到祭臺、而記悟爾得罪過兄弟、則留爾禮物在臺前、而先往與兄弟相和、後復回獻爾禮物也。同爾債主在路間之時、早相和、恐何時債主解爾到審司、又審司交爾與吏員、致吏員以爾入囚也。我確語爾等知、爾若未還債於末釐

之、先爾斷不得出囚矣。爾聞得昔有言、爾不可行姦、惟我語爾
等、知凡覩看婦人致懷邪慾向之、則在心已同之行姦、故若爾
右目惑爾、則拔出之、擲去之、蓋寧可失一眼、不致全身投入地
獄也。又若爾右手惑爾、則割去之、擲去之、寧可失爾一骸、不致
全身投入地獄也。昔有云、凡休其妻者、則可交之以休書、惟我
確語爾等知、凡休其妻、若非爲邪淫、則使之行姦、又凡娶受休
之婦、則爲行姦也。再者、爾聞得有言及古人云、爾不可負誓、乃
成爾及主之誓也。惟我語爾等、總不要發誓、勿以天、蓋爲神之

座、並勿以地蓋爲神脚几、又勿以耶路撒冷蓋爲大王之城也。又爾不可以爾頭而發誓、蓋爾無能以一條髮變爲或黑或白。也乃爾等相交、是是否否、而已、蓋過於此、則由惡而起也。爾聞昔有言云、以眼報眼、以齒報齒也。惟我語爾等、勿敵使害者、乃若有何人向右臉打爾、爾等即轉與之以別臉也。又有何人告爾、欲得爾衣、憑他亦得裯也。又有何人逼勒爾同行一里路、則同他行兩里路也。求爾送與者、又欲同爾借者、勿推却之也。爾等聞得昔有云、爾可愛爾鄰、並恨爾仇也。惟我語爾等、愛爾仇也。

咒詛爾等者祝之、惡恨爾等者、行好與之又伊等暴虐捕害爾等者、代伊等祈禱、致爾爲天父在天者之子輩、蓋天父使太陽起向惡連善、又使雨下義者、連不義輩之上也○蓋若是爾止愛所愛爾者、則有何報也徵餉者、豈非行如是也○又爾等若止施禮與弟兄們、爾如何美於別人哉○徵餉之役、豈非如此行乎○故爾等宜爲聖善、如爾等天父在天爲聖焉○

爾等慎勿行濟在人之前、欲得人看見、不然、爾等則無得爾天父在天者何報也○故爾等賙濟時、勿吹號筒面前、如僞善者、在

公所、並街市、致伊得人之讚美、我確汝等知、伊等已經受人之
褒賞也。惟汝等賙濟時、勿使左手知右手所作、致爾等賙濟爲
隱、且爾等天父見隱事者、自明賞爾等也。又爾等祈禱求天父
時、勿似僞善者、蓋伊等歡喜在公所並街市之隅而祈禱、致得
人視伊等、我確汝等知伊等已受人之獎賞也。乃爾等祈禱求
天父時、入爾等小房裏、而閉門後、所禱向爾天父在隱者、如此
爾等天父見於隱者、必明賞爾等也。又爾等祈禱求天父之時、
勿如諸國用反覆之虛言、蓋伊等想、因多言而獲聽準、爾們勿

學伊等、蓋爾等天父知爾等所需、未曾求之之先、故此爾等如此所禱云、我等天父在天者、爾名成聖、爾王就至、爾旨成行於地如於天焉。賜我等以日用糧、赦我等負債、如我赦負債與我等也、勿由我等入誘惑、乃救我等出凶惡、蓋爾為之國者、權者、榮者、於世世啞嗎。蓋爾等若赦人得罪爾、則在天爾等天父者、亦赦爾等之罪、但若爾等不赦人之罪、爾等天父在天者、亦不赦爾等之罪也、再者爾等守齋時、勿為憂容似僞善輩、蓋伊等改面貌致現與人以守齋、我確語爾等知伊等已受人之獎賞也惟爾等守齋時、以油傅首、洗臉、致不現與人以守齋、乃與爾等天父在隱者、如是爾等天父在隱而見者、必明賞爾等也○爾等勿爲己積財帛於地、蓋蟲與銹會使壞之、所又賊可打進而偷之、乃爲己備財帛於天、彼處無蟲或銹可壞之、無賊可打進而偷也○蓋爾等財帛所在、爾心同在焉○身之光乃眼、故若眼爲全、則渾身得光、惟若眼不好、則渾身暗黑、故在爾等之光爲暗、則暗大矣○無人能服事兩主、蓋其或愛一、恨一、或重一、輕一、爾等不能服事神連財帛也○故此我語爾等、勿爲生命罣慮何可飲何可食並勿爲身何可穿生命豈非大於糧並身不大衣乎視天空之鳥其不播種並不收穫不放於倉惟爾等天上之父養各鳥爾等豈非貴於天空各鳥乎又誰可能以望慮而加其生命一尺乎爾等因何望慮及衣視想其岑蘋之花如何生其弗勞弗織且我確語爾等知國王所羅們以其諸榮華之美不能修飾似其花一樣之嬌艷也故神若修飾今在田而明日所逐入爐之草花豈非更肯衣爾等少有信者乎故此更勿望慮云我將何吃將何飲我將以何得穿此諸物爲各國所尋惟

爾等天父在天者識爾等需此諸物也乃爾等先尋神之國並厥義且此諸物必加與爾等故此勿罣明日之事明日可罣慮及其本分之事各日之勞足與其本日也

勿審致爾等不被審也蓋如爾等使審則如是而被審又依爾等所給之量則如是而受也爾等為何視塵在兄弟之目尚不覺刺在自己之目也又爾等豈言弟兄云許我拔塵出爾之目而尚却有刺在爾自己之目爾等僞善者先拔刺出爾自己之目方可明見拔塵出爾弟兄之目也勿給聖物與狗勿投爾珍

珠、與猪、恐其踐之在脚下、又轉回咬傷爾也。爾等求而則將得、
尋而則遇着、拍而則得開門、與爾盖凡求則得、凡尋則遇着、又
與拍者必開門也。盖爾等之中何人、若其子求餅、則以石給之、
其若求魚、則以蛇給之、故若爾等雖惡、尚以好物而給爾子輩、
何况爾等大父在天者、不以好物而給求之者乎。爾等凡欲他
人行與爾、則如是而行與他人也、此乃誡之律也、乃先知者也。
爾等進窄門、蓋引致沉淪之門乃大也、其路寬也、而進之者亦
多也、惟引致常生之門小也、其路窄也、而遇着之者少也、爾等

謹慎僞先知輩至爾、其外飾似羊、乃心裏似兇狼、爾等可認之所結之果、人由荆而摘葡萄果乎、抑由棘而摘無花果乎。如是各好樹結好果、各惡樹結惡果、好樹不結惡果、又惡樹不能結好果也。各樹若不結好果、則砍下投入火也。故此爾等以伊等所結之果而認之、非凡語我言主主、將得進天之國、乃彼玉成在天我父之旨者也。於當日多將語我云主主、我們豈非以爾名教訓、以爾名逐鬼風、又以爾名行異跡、時我將語伊等云、我從不認爾等、行惡者、皆離我等去矣。故凡聽我誠而行之者、我比之有智之人在石上而建屋、且雨落、大水漲、風吹、而擊其屋、尚不倒、因基在石上也。又凡聽我之誡、而不行之、則似愚人在沙上而建其屋、且雨落、大水漲、風吹、擊其屋、致倒、而其毁倒大也。救主言畢是情、民則奇其教訓、蓋其教伊等如有權者、並非如書士輩矣。

勸世良言卷二

聖經若翰福音篇三章十七節

論救世主耶穌降世之意

蓋神天上帝遣厥子降世、非爲審定世人之罪、乃欲世人因之而可得救也。神天上帝四字、指原造化天地人萬物之大主宰也、遣者特意差遣之也、厥子者、指神天上帝之子救世主耶穌是也。此照眞經所言、神天上帝原始造生人類之時、係純善正直、沒有邪欲之意、靈性固存、後因原祖夫婦二人被蛇魔誘惑了心、遂致違逆神天上帝之旨、冒犯天律、引惡入世、致有內敵外誘之害、互相攻擊、故內受自己邪欲之惑、外被蛇魔之誘內外相攻、則邪欲益多、善念漸少、傳至若子若孫、離眞道漸開、而其惡愈勝於善、以致各世代之人、惡欲日日加增、邪意越更漸長、靈志遂昏昧不明、純善之性亦息、人欲勝、眞理亦漸失、凡所作爲、不知所向之正道矣、但初時各世代之人、雖然心性已變爲惡、尙存些眞道在心、大概只識數樣惡事而已、蓋因有此惡根而生在心、相傳與後世代的子孫、乃萌出惡枝惡葉、加之蛇魔暗中培根益力、迨至如今世代之人、由這惡樹而生長在心、故發出枝葉茂盛、結實甚多、是以現在之人、遂生出無數的惡端、致世界大變、顛倒乾坤、變亂綱常、以惡為善、甚至把善者反以之為惡、因人之心、日夜歇息之間、所有思想圖謀、言行舉動、專在於姦淫邪惡、詭詐欺騙、強暴凌虐之事、滿於胸中、行在世界之上矣。或有良心未滅失者、亦迷惑於各菩薩神佛偶像之類、似此之世變壞之極、人雖盛長生育於世、貫更多惡氣盈滿於天上、干神天上帝之義怒、下地萬類叛離、故豺狼虎豹獸物亦准害人、上下交攻、於是乎宇宙內所有之人、險些殄滅之、死後靈魂尤要永受苦罰、如此慘酷、大變人類的靈魂、幾不盡

昭於地獄之中、乎且神天上帝、雖常施好生之恩、而欲盡赦
恕全世之惡逆、怎奈又阻礙於公義至嚴之律、是以公義恩憐
不能並施、困於無可如何之中、特意差遣神天上帝之愛子、離
了至尊至貴之榮、自天降地、以神之性、投在貞女之胎、結合人
之性、出世爲人、名曰耶穌、卽是救世主之意、使其自負擔當世
人犯罪之任、屈居卑污世界之中、住入塵世之內、自少至長、言
行舉止、立表示敎、令世人觀之有法、效之有則、不致終迷於邪
惡之道、永沈地獄之苦、故救世主耶穌、年至三十、卽出身宣諭

明示神天上帝特差其降世之旨意、勸諭世上之人、務要悔改一切姦邪惡端、丟棄各樣假神菩薩之像、轉意歸向宗敬神天上帝爲主、可以除免將來永苦之究、否則永禍之苦立待、令那頑惡人的靈魂永受罰矣、救世主既然宜諭神天上帝之旨意者、固必要顯現神天上帝特差之證、令世人確實知其由天而來、乃可深信凜遵神天上帝之諭、蓋救世主耶穌由天來降世之證據甚多、故難殫述、只略言大概、且其未降世之時、在如氐亞國之內、歷代各先知之師、在一千數百年之先、已預講其將

降世之意、及至降生出世之際、果驗各先知之師、預言之語、況
且臨誕出世之時、天上亦有衆神使讚榮於空中、顯現地面郊
野牧豎之輩、卽往覲之、甚覺驚奇、讚揚不已、景星發耀於天空、
以致天文師等觀景星光耀奇異、卽自東跟隨至西、越千里而
來拜獻、二哲老蒙神天上帝默示、入神堂抱聖嬰、乃欣喜、年甫
十二、登神堂辨問聖經奧妙之旨、致令凡聽之者、駭愕而驚奇、
這是救世主耶穌、自出世爲聖嬰、而至在神堂辨問聖經之各
證據也、後來遍歷各方、播傳福音眞道之時、各等賢哲愚不肖之

人、凡悅聽之者、皆欽崇敬服、每遇害病之人、即顯神性之德、悉能醫治之、以致聾者能聽、瞽目者能視、痲瘋者即時得淨潔、跛者即能走、啞者即時能講、死者即時得復生、斯諸最難之病症、全世界之人、古今之世、從來未見有人能醫之者、而救世主耶穌不過出口一言、或摩患處、那病即時全愈、死者亦即時復生、這就是顯著其由天降世之證據也、然不惟救世主耶穌能行神迹醫人病患而已、即其由庸人中選擇了門徒十二、後來往各處宣傳福音之時、亦有能以口出一言、或以手摩患病、而醫療病人最難治之各症立時即得全愈夫神迹是神天上帝所賜之力、但神天上帝至眞、不肯賜神力假人用之誘惑世界人、所以人有眞神迹之能者、可見是眞人、而所言及已亦皆爲、乃我救世主耶穌自言稱神天上帝之子、由天而來也○其門徒亦能行之者、實顯著福音眞道之證據也故此代贖罪救世之時候既至、而耶穌隨由如氏亞國內發兇之手、受萬般苦難之極、釘死、其肉身在十字架之上、遂成代贖罪救世人之功、但其人之性雖死、而神之性死後三晝夜復再生活、仍居地上四旬之

見約翰六章五十七節又五章三十六節又八章十六十八節

久指示門徒明知代贖罪救世奧妙之義令門徒亦宜傳福音眞道徃普天下萬國之人凡敬信而行之者免受永苦也。且救世主耶穌神天上帝天父者差遣之命特爲恤憐救世人寶貝之靈魂而來一者神天上帝恩憐公義可以並行而不相悖二者世上之人但有能知覺自罪痛恨悔改之者可以就此生路脫出地獄之門猶可以仰獲來生之永福這樣無可限量之恩神天上帝仁愛垂憐世人之極而凡得知斯大道者該凜然遵從之矣而猶有積惡不肯猛然醒悟者誠自賊害靈魂之甚者也蓋救世主耶穌自天降地、以三樣之事、顯其代贖罪救世之功、一樣、救世主耶穌、本無絲毫之過、乃有無可限量之功、何故反要受極苦而死、這就是顯著其非因己之罪而受慘罰、乃爲代世人受萬般苦楚之死、替代世人贖罪也○二樣、救世主耶穌死之後、三晝夜再復生活、乃居地上四旬之久、後纔昇天、這就是顯現其屬人之性、因贖罪而受死、惟其神之性、係永遠生活爲救世之君、現居天地之間、作中保之主、替代凡敬信之者、轉達祈求神天上帝、慈憫悔罪之人也○三樣、救世主耶穌、捨了至尊貴的寶身、情願代世人受天怒人加的萬般艱難而死、成了無限之大功、則凡敬信之者、將救世主自己無限之功、歸于如信者、自為之功德、致伊可獲得諸罪之赦、倘伊若更恆心謹遵救世主耶穌之道而行者、伊死後之靈魂、豈不是更得享永遠之福哉。蓋救主耶穌代受死贖罪奧妙之大道、係神天上帝秘義之事、世人見識卑微、豈可能測之哉。惟人能曉得自己肉身之內、尚有個寶貝靈魂永遠不死者、知此關係、從前雖日日已做過邪淫姦歹諸惡之罪、至多至重之極、若肯悔心痛恨、力改前非、可因救世主耶穌代贖罪之功、必得神天上帝赦宥其所有之罪、至死之後、其靈魂亦可以得救、就是那些輕忽自己寶貝靈魂、不顧得救與失救、俱不管理之者、亦要靜坐默想之、倘若人沒有靈魂之貴、如禽獸一般死了、卽完其事、則神天上帝、因何這樣委曲、特命差遣已獨愛之子降世、代受死而贖世人之罪、救人靈魂乎。這就是顯現人的靈魂、固是寶貝之極、係永遠不滅之證據也。然神天上帝、若不遣其子降世代受死而贖罪、亦沒有什麼要緊、不是一定要做之事、就是神天上帝總不救人的靈魂亦沒絲毫損益於彼蓋神天上帝自無物中而能生化萬有者、豈不能另造人而爲活靈者乎。然神天上帝、不過如父母愛子女一般、無所不致、惟知憐惜世人愚頑之惡、不忍盡然即就殄滅之意、乃廣施仁愛之大恩、寧願世人獲享永福、不欲世人永受苦禍之深意也。故曰、神天上帝遣耶穌降世、非爲審定世人之罪、乃欲世人可因其贖罪之功、可獲望救而得福、夫神天上帝遣耶穌代贖罪垂救之恩、至於此極、且還有不肯捨離惡逆之心、攀援此救拔之恩、猶恃著硬逆之心、固執惡意者、請自愼思之、生前或者神天上帝未大罰汝之惡、但你們可能硬逆得到永遠不用死乎。或能硬逆得一百年不死乎、或能硬逆得八十年不死乎、或能硬逆得五十年六十年不死乎、誠恐不能也。然這個死字、恐怕世上最尊貴之人、最勇烈之士、最大才學之人、最賢德之士、最愚笨之人等、亦不○能硬逆得過、不用受死的、何況死之後、怎能硬逆得過、不用入地獄受永遠之苦哉。況且並無輪迴復生陽世為人之理、亦總無轉生出世、爲畜類、乃惡人一下地獄、至永遠不能出也。這是擺在眼前不能之事、奈何舉世大半之人、利欲昏心、明知不能脫逃之禍、乃偏要縱慾作惡、自負悖逆之大恩、如今神天上帝幸已預賜代贖之大恩、倘有人得知不肯接之者、豈不是抗逆神天上帝之恩哉。況且至卑賤之微物、怎敢與至尊至能者而抗拒乎。凡敢與之抗拒者、焉能保得不敗滅者哉。誠恐敗之更速、夫人亦知作善降之百祥、作不善降之百殃、報應昭然、人所共知、並非爽語、但這裡所論實善實惡之報應、都在死後來生、報應者多、且今生之報應、不足賞善之賞、又不稱罰惡之罰、因人生前善惡未定、或善者至終變惡、而惡者醒悟為善、亦未可知、所以不能定其善惡而賞罰之、若到死之時、蓋棺之際、善惡卽定、不能更移、那時賞善罰惡、則無纖毫之差、彼為善惡者、亦沒有強詞可辨、獨善者欣然受賞、而惡者惱恨自悔、切齒痛責、卽被拘入地獄之中、永受苦禍矣、若遭著這苦禍者、甚難之至、哀痛之極也。蓋世上算為最慘苦之刑罰、亦不能形容萬分之一、因地獄的痛苦、沒有了期之日、是以在生前不能回頭改惡者、不如莫為人、寧可預早自受石磨慢慢磨死、免得死後更要受多幾十倍

地獄之苦刑也、但有人自謂偏不肯改惡者、祈自省察之、勿待
要受刑苦之時、欲要改惡、則不及時也。今照經書奧義、略述此
地獄永罰之大意、余心甚惶恐、下筆竦然、毛骨震動、忽生無限
之憂、誠恐亦被自己惡欲所害、恐一時迷惑、復犯罪惡、豈不是
將來亦要受此永罰哉、孰能可救之也、故而終日乾乾、存心省
察、凜遵神天上帝所命諸誡而行、倚靠救世主耶穌之能、暗助
謹身修德、至死之時、或者可以逃脫永禍之苦、則徼幸之至也。
豈敢怠慢、不自慎乎。惟冀覽此書者、亦可自審良心、查究日夕

之行為思想平日曾有懷念恭敬神天上帝原造化天地人萬物之主否曾有信服救世主耶穌代贖罪救靈魂之恩否曾知自己寶貝靈魂永遠不死否曾知道死後有天堂永福可享與地獄永禍可怕否這數樣最緊要的道理有關係於今生來世永福永禍之關係苟未有如此之心者切要留心敬信之可也斯非談天說地荒唐之語又非捕風捉影的虛言乃講道真經之旨意而述之若虛心謙遜恭敬而讀之者必能理會其秘義之意但自滿倨傲者必不能得之徒自害靈魂之甚也可不謹

聖經馬寶篇十九章二十三四節

遵而敬之哉、

論富人難得天堂永遠之福

救世主謂門弟子曰、我確語你們富貴人甚難進於天國、以駱駝通過針之孔、比富人進神之國更易也。天國二字有兩樣解法、一樣指天堂永樂之福、係善人肉身死後其靈魂享受之眞福也、一樣指地上凡敬信救世主耶穌、衆人聚集拜神天上帝之公會也、神之國三字亦同此義。此言救世主耶穌一日與衆弟子宣講福音教百姓時、忽有一少年富人問救世主曰、善師我要怎麼樣行作纔能可得天堂常生之永福耶救世主曰你何以稱我係善耶除了神天上帝之外在天地之間沒有人可能稱得至善之名惟你若要獲享天堂常生之福則要守神天上帝定命之各誡富人問之曰何爲神天上帝之誡耶救世主曰神天上帝之誡者卽是勿行殺害之事勿行奸邪婬亂之惡勿偷竊別人之物勿做虛妄假供干證之事乃要孝敬父母而仁愛憐各之人如似愛自己也凡能守之者常生之永福亦在其中矣富人對曰我從幼年至今曾守諸誡還缺何誡耶

救世主見那富人自誇其義、遂以言試之曰、爾若果要守全律、則可去賣了爾凡所有之產業、而將賣產業之銀施賜給與貧窮之人、則爾必有財帛存在於天、又可來隨從我而學常生之眞道也。惟那少年富人聞了此言之時、則甚憂悶之至、卽時去了、因其有大財業之人、怎肯施捨與貧窮之輩、這就是顯著其泥於財帛之心、難尋常生永福之道。蓋救世主亦知其係泥於財帛之人、不過發此良言、欲救拔其陷溺之志、但其因財業豐盛、迷惑了心、獨羨慕財業、不思來生之永禍、誠恐其終不悔者、亦必失靈魂之救也。所以財帛陷害人之靈魂者、殆有甚焉乎哉。這富人去了之後、救世主嘆惜曰、使駱駝通走過針眼之孔、比富人進常生之福、更容易也。衆弟子聞言則、奇而問之曰、敢問救主之言、以駱駝通進針眼之易、而富人難獲常生永福之道、何謂也。救世主謂衆弟子曰、欲使駱駝通走針眼之孔、固是難行之事、然在人則不能使之、惟在神天上帝、無所不能者、必能使之也、但比之欲令富人獲常生永福者、尤更易也。蓋蠢然之性、使之則易、惟靈明頑性之人、甚難更變之、因富人之心、被物欲所誘、培根益深、更頑逆難化、蓋其財多自恃、驕奢自長、傲氣自大、飽煖無憂、常悅人褒奬逢迎、不欲人片言違逆、自滿自足、故侍妾婢僕、交往人等、悉然專心逢迎其意、孰肯直言觸怒其心、招惹其懷恨乎。彼富人亦自謂凡所作爲、沒過甚失、由是驕奢日甚、惡慾日增、加之親近爲其好親友者、亦獨諂媚迎悅其意、以致其心驕盈殆甚、日夜方寸之中、惟慕於財利世俗宴樂之事、耽於驕奢婬逸之心、身安意足、獨愁命短、不能盡享快樂之美、看得眼前財色、如糖似蜜之味、以爲永遠不變、因被財

色誘惑、意亂心迷、恃財妄作、不聽善言、不納眞理、侮慢善人、不
敬畏神天上帝、不信有靈魂永遠之報應、如此者、焉能變化其
心哉。況且常生之永福、亦非肉眼可能親見、故雖有此常生之
樂、亦難得富人信從之、斯既不肯信之、又怎能得進而享之之
哉。是以言其甚難之意者、言其財多害其之志也。由此觀之、凡
富貴之人、無有不是因財產之多、而不陷害靈魂之志者、鮮矣。
蓋那白作經營、而後來纔爲富貴者、奢華驕傲之心、尚且未有
十分放恣、但其之心晝夜思念之間、亦都係孜孜爲利之事謀

在生意買賣貨物之上、必不想到身死之後、魂魄却往何所、又不肯憶想平生日夕所作之事、善的多、或是惡的多、總不查察之、自少至壯、由壯到老、日夜之間、獨是思想財利衣服飲食各樣之事而已矣、倘或忽然遇着身病之日、那時心中惶恐之極、就怕不久會死、尚有許多生意之事、家務紛紛、不定未曾做得妥當、只怕自己死了之後、子女幼少、不知辦理、就是怕死、亦不過因爲這各事而罣慮、還自懵蔽、不知不想到死後善惡報應、若何、總係估人死之後、魂飛天外、魄散九霄、無形無踪、完了一生事業、又估死了之後、就是在陽間做人不好、都係轉輪投胎、托生出世變豬、變馬、變牛、變羊、就算惡報之意、又有將近怕死之時、良心悔想、亦覺自己平生所做之事、都係不好的、多只怕死了之後、要落地獄受苦、遂囑咐子女、待他死了之後、卽要叫些和尚道士、開壇建醮、念經數日、救他出地獄、快些轉輪投胎出世爲人、免受地獄之苦、又有些富人到年老之時、亦知死日將近、乃想做些好事、補贖平生之罪過、免得死後要受苦難之意、遂常時去各寺廟崇拜神佛、燒多些香寶蠟燭紙錢、或齋僧布施、以為求僧家念經、買嚇陰司地下牛頭馬面之鬼、又買些勸世之書、陰騭經文高王觀音經等、送至各處寺廟、分送與來往之人、勸人念誦觀音真經、學習陰騭文、好意而行、則自以為善德之功、可以補贖平生的罪過、到了死後之時、則安樂無憂、必定轉輪投胎、復入富貴之家、做富貴人家的兒女矣、因為懷了各樣鬼胎在心、故此不肯信從真道、這樣糊塗之人、豈不痛惜哉、又那富貴人之子女、更為難以變化其心、蓋其自生出世、父母愛之如寶如珍、日日嬌養、不肯拘束、任其橫行、縱其所好、及至長大之時、性情已經縱慣、順之則悅、逆之生嗔、不能受得一些違逆、因此全家上下之人、都迎悅其意、不敢抗拒其心、是以縱高了倨傲之性、遂每作每爲、縱慾自恃、驕盈日甚、婬樂日肆、旦晝之間、不論衣食、就談財色、羣居終日、言不及義、好貪財色、愛納少妾、獨圖娛樂之欣歡、不思身後靈魂却有無限永遠之、苦總不懷想敬畏神天上帝之心、又不尊善人之訓、以諂媚邪惡之徒爲友、把直諫多聞的士爲仇、見善人如眼中之刺、親惡徒如席上之師、言行舉止、動以洋煙財色爲天、不知稼穡艱難之苦、弗達貿易買賣之憂、平生所作所爲皆是半癡半睡倘或死日一至、出其不意之時、則如牽牛捉豬要宰殺之勢、心雖甚不願死、但不能停留半時、死後瞬息一判、卽拘入地獄永受無限之痛苦、這是因爲財多自恃、不遵善人訓勸、生時享盡娛樂之歡、至死却有無限慘酷之悲、此雖直言陳切、實富貴人家之子、居其大半、這樣之人、所以明晰其非者、實欲警醒戒勉之、庶幾或有賢父兄親友之人、可以戒勉溺愛之心、不致暗害子女之極、且能訓子女於善義之道、切勿徒施溺愛之心反害子女生時受辱、死後尤受永苦、豈是愛子女之心哉。為父母者、切宜省察之可也。然而既為富貴人之子者、亦要借重富貴財帛之勢、首要尊崇神天上帝、在萬有之上、敬之、畏之、奉事之、酬謝神天上帝日日保養之大恩、次要認識自己肉身之內、有個寶貝靈魂、比肉身更貴重、更有長久之禍福、可享可受也。三要敬信救世主耶穌代贖罪之功、救靈魂之德、愛之、賴之、仰望之、感其救拔之恩也。此三條大綱領之要道、有關係於生前死後之禍福、故能守之約之者、則生順死安、苟不明這三條大綱領之要道、雖現爲富貴之人、錦衣玉食、所住亦是大厦高房、幽雅之致、潔淨之極、穿的衣服、食的美物、用的器皿、件件清新、樣樣奇巧、使之不盡、用之有餘、且在世上既然如此華美富足、惟縱慾自肆、不肯克己惡慾而修善積德者、請問生前之福既已享盡、但死了之後、靈魂欲往何處享之耶。雖然聖潔清福之所在亦有、惟恃財縱慾行惡者、焉能得居之乎。且不能居在聖潔永福安樂之所、即要拘入汚穢慘苦永罰之囚、況今在世一些汚穢臭氣之物、半刻不能受得、寧肯受得死後永遠汚穢之臭氣乎。

在世一些火燒疼痛不能受得、怎能受得來生在地獄永火刑罰之痛苦乎。在世不能受得別人一些抗拒之氣、死後到能受得無數惡鬼抗拒之氣乎。在世一些苦渴不能受、死後焉能受得永遠之苦渴乎。特將世上暫時所不能受苦之各事、形容略比死後永遠受痛苦之刑罰、你們現今身享富貴者、若不肯存心、修德、死後怎能逃脫永禍之苦哉。是以身在富貴之家、男女老少之人、既然必定不欲甘心受永苦、則切宜忖度之、現在氣息尚存、還可以悔改諸惡、專心敬信救世主耶穌代贖罪之恩、遵守神天上帝各誡而行、如此則生前住清潔幽雅之地、死後亦永居聖潔之所、倘或獨貪現時富貴之虛樂、固恃頑逆之心、不肯改惡修德者、死後即要居住聖潔反面的污穢、永樂變常憂冀、爲富貴者愼宜細察之、勿待遲疑、誠恐日月逝矣、歲月不爲我留到死時、雖欲悔之則不及也。

論問鬼之邪妄

聖經以賽亞篇八章十九節

蓋伊等既將對爾等云、尋向冥見死鬼者、及爲巫師、或窺視喋口暗語之類、各種人、豈不宜尋向神天上帝、何須從活尋向死

者也、○伊等二字、指未識眞經聖道不敬天地之大主、不望救
世主耶穌之人、爾等二字、指識眞經聖道之義、知有天地人萬
物之大主、敬信救世主耶穌之人也○冥者、幽暗之意也○死鬼者、
言人死了、其魄變爲鬼也、巫師者、作邪術之人也○在男曰覡、在
女曰巫、窺覘者、默然靜聽、以眼邪看人面色之意向、即可進言
揣度人之願欲也○喋口暗語者、口不言而心欲謀害人也○各種
人者、指各國之人也○神天上帝四字、指原造化天地人萬物之
大主、活者、指生活之人、死者、指死了人之魂魄也○此言世上之

人未識眞經聖道、不明其義、心無所主、意無定向、如風信之旗、隨風轉動、不能自立自志也。夫人在胸內之心、若不能秉正持守者、則邪意由之而生也。且人一身五官百體、動以靈心爲主、倘若遇事、靈心不能決斷、必被外物誘之去矣。物誘於外、心蔽於內、則虛靈雖聰、亦無有不昏昧者矣。蓋當今之世、誕怪甚多、師巫邪術、不能勝數、亦有不被其惑者鮮矣。然人果能安於天命、固守本分、不貪不謀、誕幻邪術雖多、亦安能受其之惑。但人之心、先有圖謀之意、遂被其誘、甚至有被迷而不自覺、不能自解者、豈不可惜哉。故將何以被邪術之惑、略剖言之、或能醒悟被迷不能自解者、可以救其懵懂之心也。蓋在男人爲覡者、俗人稱之爲師公、女巫者、俗人稱之爲師婆、或稱問鬼婆、這各等人都係倚着符咒爲哄騙人的貨物、說奇道怪、倘遇有人身受災病、或害顚狂之症、去求師公拜神之時、彼卽燒香三枝、插在吽做什麼祖師之前、跪下稟請滿天滿地各樣之神、拜畢、遂在卦筒拔取卦籌一枝、卽說病人今年命帶限星、時運十分不好、在於某處地方、撞着什麼兇神惡鬼、纏縛其身、致害此病、若要此人病好、乃要幾多銀米、幾多符咒、幾多寶燭香油、幾多百神衣、幾多三牲酒菓、在祖師之前念誦眞經一兩晝夜、此病自然漸漸便好、若不做此功德、恐怕病人會死、如若十分不能計辦這多銀兩、請人念經、亦要請些符咒、回家貼在門口、掛在病人身上、或能免死、然病體亦是十分纏綿、不似念經一兩晝夜、纔好得快、說了這些言語、令人聽之、心內不安、不由不勉強躊躇計辦銀兩、請他做功果、或買符咒貼之、欲想病人卽日安然全愈、倘或做了功果、貼了符咒、偶然病人漸好全愈、則衆人俱稱讚師公拜神之靈應、但做了各事、病人仍然不好、亦不敢說師公拜神不靈、只說自己心內不虔誠、故此所求不靈應、又若病人死了、便說病人命該如此、此靈神亦不能保護、失時該死之人、照如此看來、則邪術雖未惑人、而人先自惑也。又那做生理之人因貪戀酒色迷懵了心、作事顛顛倒倒、財帛又不順利、家內衆人若不安寧者、亦去求師公拜神、求籤問卦、爲何今年時運迍邅、這樣晦氣、那師公亦在祖師之前祈求、拜之拜畢、卽拔卦籌詳解、便說你今年犯了太歲星、要在祖師之前作福、許下幾多銀米、幾多衣鬘、幾多香油寶燭、幾多三牲菓酒纔能保得今年時氣、又要去太歲菩薩之前作福保庇、不然恐怕更有大災難臨身、且那求問之者、若聽此言、不敢不遵、即誠心要作福求菩薩保祐、惟恐遲延、就有災難臨身、但不想自己迷了酒色、已是昏亂靈心、大獲罪於神天上帝、豈是犯太歲沒時運乎。且祖師太歲無知無識者、不能自保、焉能庇護、得獲罪於神天上帝之人哉、都係彼此自惑、而爲師公者、借重祖師菩薩之名、目圖謀財利而已矣。豈能求得絲毫之應驗乎、且那爲女巫師婆者、乃去哄騙婦女各人、妄說自己魂魄能下陰司找、尋冤魂無主之鬼、故那些婦女各人、或有父親被人冤枉害死的、或有母親産子艱難而死的、或有丈夫行船死於海內的、或有兄弟在路上而死的、或有姐妹因少年而死的、均去問那師婆、送些銀錢與他、求他尋着各人的魂魄、到來講出死在陰司如何光景、那些女子去問父親被冤枉害死者、這師婆卽燒着香三枝、插在當空、假意閉了兩眼、暗中偷看人之面色、口內含糊請些各處地方社壇土地、及神佛之類、以爲求神佛引他去找尋魂魄死鬼之意、停了一回、遂說道、你父親被人害死魂魄拘在冤枉城受許多艱苦、難當之極、汝既係其女兒、可回家與兄弟商量、湊些銀兩、買的符咒、到佛前燒化、求佛爺救你父親出冤枉城、免受苦難、早投胎也。這女子聽了、心中苦切、亦同家商量找尋銀兩買符咒燒化、救父親死魂之苦、則以爲盡自己之孝心也、又有些女子見母親生時、因爲產難辛苦而死、去問師婆、求他尋着母親魂魄、欲知母親死落陰司、有何艱苦、那師婆藉此苦楚之言、印燒香閉目、說出無數辛苦之話、又說淩在汚穢血湖之中慘傷之至、腥臭之極、汝爲我兒女、至緊請幾個女尼、在陽間念誦一兩晝夜血盆經、救我出血湖之中、免在陰間受此慘苦、至囑、那師婆說了這些話、卽開目不言、這些婦人女子聽了如此之言、悲苦之至、哀痛之極、回至家中、雖委曲揭借、亦尋銀兩、請女尼開壇念誦一兩晝夜血盆經、心中纔得安樂、不知母親之魂魄得救出血湖與否、亦不追究之、總要破費了這銀兩、則安樂之極、傍人亦稱讚這樣兒女之孝心也又那些因爲丈夫行船死於海內者、去請巫婆、求他尋着丈夫的魂魄、上陽間問其受苦若何、那師婆亦燒香閉目、胡言亂語、開口便說哎苦呀、寒冷之至、我在水底長受水浸、不能走出、水來冰凍之極苦楚不堪、欲要救我出水難之苦、要請幾個道士在陽間開壇念誦拜水經、方能救出水中、渡過水災橋、則可免受冷凍之苦、可即投胎出世爲人矣、彼爲其妻子者、若聽這樣之言、必然哀痛之至、雖家事清貧、亦必往四親挪借銀兩、就請幾個道士開壇念誦拜水經、渡過水災橋、救丈夫出水中之苦、盡了生人之心、應了死人之口、纔得心安也。蓋那些師公師婆窺覘囈語等人以

賣符咒爲生理、欺騙銀錢、圖謀肥己之貲、遂裝出默言詭語、實
靜聽看人面色向往之機、卽進言揣度人之願欲、口雖不言、而
謀算獲利之心甚熱、在於胸中、故生無數謊言、誦誘婦女、各人
謊言猶恐不足、又引虛事以實其信、故不論人受什麼災難而
死、若去求問師婆之時、必要先說出受何樣災難死的、彼卽聽
在耳內、而心裏却想出一段妄言、可以誘動人心之事、令人聽
之不得不信、不敢不從其言也、嗚呼惜哉、蓋因世人不識眞經
聖道奧妙之義、不肯虛心理會、從順敬信之、以致不知尊敬造

化天地人萬物之大主、自智自義、自謂天地之間、無宰制之主無所可倚、靠故尊信邪妄怪誕之事、以安其心、豈不知不論男女老少之人、不論受什麽災害而死、不拘死在何處、彼生前若知眞經聖道奧妙之義、敬信救世主耶穌代贖罪之功、倚靠救世主之恩、必得諸罪之赦、其靈魂亦必獲救、而在天堂享永遠之福、彼生前明知有眞經聖道、不肯虛心遵從、弗信救世主耶穌代贖罪之功者、其死之後、靈魂必在地獄、永受苦難、斯卽實賞眞罰之報、義案判定、永無更改、彼若已判定受罰者、任你妻子女兒、在世界陽間之上、請盡通天下所有和尚道士尼姑等人、朝夕念數千萬遍的經、亦不能救得開一線地獄之苦、誠恐那些師公師婆、及和尚道士尼姑等人、生前或能幸免苦難、惟死後亦免不得要落地獄受永禍之罰也。所以神天上帝特啓示真經聖道之意、警戒已認識真經聖道之人、恒遵誡命、勿被不識真經聖道之人、誘惑了心、尋問死鬼魂魄之邪妄、違逆神天上帝之誡命、反害自己靈魂受永遠之禍、失永享之福也。夫欲知人死後之禍福如何、不論他死在何處、只觀其生前良心所悅之事、審察其日夕之作爲、則略知其禍福之報矣。何必求師公師婆、問其死鬼魂魄哉。彼師公師婆、若誠知善惡之報應、亦必不作此邪術誘惑人心、圖利肥己、自害靈魂矣。惟有知識者亦知其妄、自必不肯信之、必不容縱妻女受其誘惑、破費銀錢、徒誦糊塗之經、然人該當所尋者、神天上帝也。眞經聖道也。救世主耶穌也。尋識神天上帝有何好處呢、曰、神天上帝係原造化天地人萬物之大神、宇宙內萬國之人物、皆在神天上帝掌握之中、人類生物一呼一吸、皆賴其保庇、天福世祿、亦由其

所發、故凡敬畏之、安於天命者、雖貧困不堪、而心亦樂、因知窮
通得失、總由神天上帝所定、命不能強求也。又尋識眞經聖道、
者、亦有何益。耶曰眞經聖道奧妙之義、係神天上帝啓示之旨
明示人知該崇敬奉拜者、神天上帝也。卽是天地之主宰、又示
知人肉身之內、有個寶貝靈魂、係永遠不死之靈物、應該存善
心、樂道德、保養之、免受永禍也。又尋知救世主耶穌、有何益呢。
曰救世主耶穌、原係神天上帝之子、自天降地、替代世人受了
百般極苦之難而死、已贖了世人獲罪於神天上帝之罪、是以

敬信之、倚靠其代贖罪之功、必獲諸罪之赦、靈魂亦望得救、而享永福、蓋得知斯三者、約守而行之、則生時必獲常安、至死後亦得永樂、苟不知斯三者、或知之而不肯信之者、均不能免災禍、或者今世幸免災禍之苦、但到死後、斷不能逃脫永禍之罰也、且汝等爲師公師婆之人、自謂作這樣邪術、誘惑人心、可以容易欺騙世人之財帛、肥甘口腹、但汝等宜自思、人可以容汝等欺騙、惟神天上帝、無所不在、無所不知者、不能容汝等欺騙之、必定要罰汝等之罪、不報於今世、必在死後而罰之、爲何貪圖數十年之衣食、結下死後永遠之苦哉、然汝等亦知行邪術怪誕者、焉能得善報乎、且在世界之上、士農工商、百般技藝、任人選擇而爲、何不捨此邪術、另尋善技工業、資養生命、改除一切邪妄之心、尋向神天上帝、尊崇真經聖道、敬信救世主耶穌、倚賴其贖罪之功、獲免諸罪之赦、從此遵守神天上帝之命、安貧樂業、則生前身心獲安、死後靈魂亦享永樂、何苦癡癡然作此邪術、而獲欺天欺人之大罪哉、凡作邪術者、冀而思之、早圖悔改、幸勿自暴自棄、徒自害也

聖經若翰福音篇第三章

論復生之義

昔有如氏亞國之人、名尼可氐母、其夜來至就近救世主稱之曰師、我等明知爾爲由神而來之師、蓋神非偕之焉、無人可能行爾所行之神迹、救世主謂之曰、我確確語爾知、人若弗再生、必不見神國之福、尼可氐母對之曰、人已旣老、何得再生、其可再入厥母之腹而再得生乎、救世主謂之曰、我確確語爾知、人若弗以水並以神風復生、則必不能入神國之福矣、自肉生者、肉也由神風生者、靈神也。我所云汝該復生之言、勿見奇之、風隨處而吹、汝雖聽之、尚不知其何來何往、凡以神風復生者、若此也。尼可氐母對之曰、是情如何能作也。救世主答謂之曰、汝爲以色耳以勒敎人之師、猶不知是情乎。我確確語爾、知我等言所知、而證所見、惟汝曹猶弗受吾證、我以地之事、旣言爾等若弗信我、倘以天之情言爾汝豈信乎。無何人能昇天者、惟彼自天降也、卽人之子、猶在天者也。且如摩西擧蛇在於曠野、人之子一然將來必見擧、以使凡信之者、不致沈忘、乃得永常生也。蓋神愛世界之人、致賜己獨子、使凡信之者、不致沈忘、乃得永常生也。蓋神遣厥子降世、非爲審定世人之罪、乃致世人可因之而得救也。信之者不被定罪、乃不肯信之者、曾定罪、因不肯信於神獨生子之名故也。其定罪之故、乃眞光已來世、而世人愛黑暗過於光、蓋厥行爲惡矣。凡行惡者恨光、且不肯就光、恐其行作見責也。惟行眞者就光、以致厥行在於神照著而行之矣。

上古至今一千八百餘年、昔在西邊亞細亞洲內、如氏亞之國、救世主降生在此國之時、其國中有一個道業牧師、名尼可氐、母素聞救世主之名、知其常以救世福道往各處地方、宣傳敎訓世人、且能行非常超性之神跡、屢次欲求見救世主的威容、親聆大敎、因懼同道諸友戲笑、是以日間不敢去求見、乃在夜裏遂去求見之、親近求拜救世主、曰、老夫子、我等固然明知夫子係由天而來敎示世人之師表、蓋神之能、若非在於夫子、而夫子焉能行出非常之神跡乎。救世主亦知其求見之誠、乃確實謂之曰、人若弗再復生、必不能得見神國之美、尤不知進永

福之所在也尼可氏母對之曰、且人既已老了、焉能可得再復
、生其可再入母親之肚腹、復再生而為少嫩之人乎。救世主曰、
我確實明示汝、知如今世上各處之人、被蛇魔以邪道、迷惑了
靈心善義之性、其靈志之善、如死了善性一般、是以凡所行作
之事、皆以惡事為樂、而把善義之事、却以為難、故此作惡則易、
為善則難、若不悔改罪惡、領受洗禮之水、洗潔身靈、並領神風
之德、復生心靈之善性、遠惡逆、走善道、則可以入神國、享永遠
安樂之福、否則不能入神國、乃必落地獄、受永遠之苦矣。比如

你所言再入母親肚腹而生者、不過係以肉身生肉身而已。倘若由神風感化而復生者、係生活靈神善德之性、我所云汝該復生之奧義、汝勿以之爲出奇之事、卽如風隨處而吹、汝雖聽聞風聲嚮作、尚不知風來自何所、又不知風往于何處而去、所以我論神風復生人心靈之善性、若似風之來往、一般汝雖不能見風之來去、汝豈說沒有風乎。凡神風復生心靈之奧妙、亦略如風之來去、不知所之也。尼可氐母對之曰、比如這樣奧妙之事、怎能作之乎。救世主答之曰、汝爲教人之牧師、猶不能知是情乎、我確實教示汝知、我由天降臨、確知神風感化復生心靈奧妙之義、且我行之神跡、即指由天而來之證據、惟獨汝等雖見證據、猶不肯受我所說復生心靈奧妙之義、如今我不過以地上可能見之事講汝聽、汝等猶不肯信之、我倘若以天上不能見之事情講汝知、汝豈肯信之乎、自古以來沒有肉身之人昇上天去、而見天堂內的事、獨我自天降臨於世上、固知天上的事、所以能言之、且如摩西經過曠野之時、有許多惡逆之人違悖天意、致受毒蛇咬傷、摩西乃以一條銅蛇高舉於空中、令各惡逆獲罪被毒蛇咬噬者、仰望銅蛇、可以得生、即我將來亦爲替代世人受百般艱苦而死、救贖世人獲罪於天之刑罰、且我肉身雖爲世人而受死、惟死了之後、三晝夜仍復生活、舉昇復回于天、凡人知罪悔改、信於我之道理、遵守而行者、皆得獲罪之赦、不致沈淪在地獄受永苦、乃更得享常生永樂之福、于天堂也、蓋神天上帝愛憐世上之人、致特賜聖子降世、受極苦而死、代贖世人獲罪於天之罪、而其差遣聖子臨於世上、非爲審定刑罰世人之罪惡、乃致世上各國之人、因我受苦死之功而赦恕世人之罪、拯救世人、拔出罪惡之中、凡人信於我教訓之道理者、獲得靈魂之救、不肯信於我教訓之道者、曾經判定其罪、蓋神天上帝判定世人之罪、亦有一個緣故、因神已特賜聖子降於世界之上、宣明代贖罪獲赦罪之恩、光明大道、普照世人之心、知所當行之道、避禍而獲福、怎奈有許多世人故意抗逆天恩、不肯棄暗投明、奉諂遊行、蓋因這些人樂於惡逆的行作、乃恨光明大道之正行、以致不肯就近之、恐其的惡作見責於光明大道之義、惟獨真行善義者、就近光明大道之路、

以致其善義之德、猶如照著在於神前而行之矣

救世主欽奉

神天上帝之命、自天降臨、投胎世上童身貞女之腹、出世為人、親傳特勅赦罪之恩詔、故其受死復生活之後、以與義眞言傳授各門徒、令之往各國之中、宣明赦罪之恩詔、言通天下萬國之人、因被蛇魔以邪道迷惑了人心靈善性之志、如死了一般、衆悖逆之事、皆已獲罪於天、而必要悔罪改惡、信於神之聖子耶穌救世主之名、領受洗禮、方獲諸罪之赦、可領神風之德、復

生心靈善性之志、遵救世福道而行、從此獲寵於神、獲悅於人矣。倘若見了赦罪之恩詔、尤不肯悔改悖逆之心、遵詔奉行者、必判定其罪、罰之沈淪於地獄永受苦刑、斯奥義眞言、係救世主由天降臨世界之上、特令各門徒播傳赦罪定罪之旨意、凡觀此書者、冀宜靜坐默想之、切不可固積惡孽、抗拒違逆天之奥旨、自召永禍也。

勸世良言卷三

論眞經聖理

葢天地及萬物萬種之人、皆由無形無像、無始無終、自永遠至永遠自然而然之神、無材質而施全能之性、造化生成天地萬物之形體、因其有全能之大德、出令一言、而天地萬物卽有、而立成體質也。且其賦于人靈性之理者、亦原由其純靈之大德、自天而出、永不更易之矣。夫萬國萬種之人、雖有萬樣之理、萬品不齊、惟其齊于一者、救世眞經聖理也。道有邪有正、亦有眞有僞、邪者喜悅人心、故人樂於信從、正者理義奥妙、隱微難明、故人易於忽略眞者誠實無妄、義眞理確、故難恆守、僞者誕幻、多端、奸謀譎騙、致多受惑而被迷恭世界之上、既有此各道、是以世上之人多受暗昧而難分辨者、失却眞經聖理之義、故致如此也。且如中國儒、釋、道三教者、人所敬服、然釋道二教、多有惑人之妄、儒教亦有不全聖理隱義之旨、故愚者昏沉暗昧、賢者過而不及也。且儒教獨論仁義之性、釋教論明心見性、道教論煉氣養神、釋教所謂明心見性者、固必意誠心正、纔能存養純靈之心、方可見眞性之德、知其向往之切、皈衣歸正、乃可爲之存心而見眞原之性也。何故虛爲妄作、造出赦孤會、盂蘭會、三寶會、無量佛會、血盤放生等會、圖畫佛像、念經禮懺、誘惑愚民、誠欲貪圖射利之心、遂假各會之名、售其私意、誘人布施、貲謀獲利、肥甘口腹、明心見性者、果如此而能見眞原之性哉。又如道敎所謂煉氣養神者、固須究窮性理、追本尋源、以道義制治其心、方能煉氣養神、則可以固復眞元、而或知始創之原、乃可爲之修煉、正氣養復元神、何故虛張聲威、造出驅神逐鬼、斬妖除邪、書符作術、總總怪異、不堪言狀、只爲誘騙、欲獲利自甘、遂生枝節、煉氣養神者、果若是而後之乎。斯因道教不正、根源不清、遂生出許多誑言妄術、迷惑人心、誘人佈施、樂助射利肥己而已矣。此二教之誕幻、迷惑人心、傷財害義、廢時失事、患害無窮、嗚呼、奈何世人之心、受惑而不知、執迷而不醒者、豈不惜哉、痛哉、盖儒教所論仁義禮智之性、至精至善之極、與救世眞經聖理、略相符合、惟知性而不知靈魂者、焉得全成天理本末之義乎。夫靈魂者、乃係人心、虛靈不測之妙、神由神天上帝賦于人身內的明悟、記含愛欲之情也。性者由氣所發也。性有剛柔懦弱而靈魂獨曉晤而已。其發至微、用之則著、舍之則昏、故獨論性而不論靈魂者、未全其旨、缺其要矣。如馬牛羊雞犬等亦有性、何其不知仁義禮智之事哉。因無靈魂曉晤之故耳、故其一死、事已完畢、但人能知之者、有靈魂曉晤之幾希矣。蓋人之肉身皆有死、惟靈魂永活而常在、故善惡之報應在人死之後、賞罰其靈魂受禍福而已矣。蓋人之肉身雖死埋在地穴之內、到了來生神天上帝還要審問其靈魂仁義禮智之各事也。是以救世眞經聖理之教、獨論信及靈魂之大旨、玉成天道奧妙不測之意、信者、心之至誠無妄、聞而信之之謂也。靈魂者、司理全身四肢百骸動作之事、有聲無形、知有此靈性、而不能見其質者、猶若大風隨處而吹、聞聲不見其形、孰謂無風乎。不知靈魂之妙性者、若此之謂、又如人之肉身、夜中睡在床上作夢一般、夢中不知做了多少事情、何曾倚賴肉身、此則知有靈魂之証、且人苟無靈魂主管全身善惡之事、便是一團死肉、不知所之也。救世眞經聖理、原出于天、由神天上帝之子救世主耶穌啟示奧旨、宣傳與世上之人、故知斯秘義之理也。蓋救世主耶穌何以言其爲神天上帝之子乎因救世主耶穌自天降地由至上神風之大德臨于童女受孕成胎而降生葢其未降生之前在西邊如氐亞之國其國內有一等聖潔之人稱先知神用之人常獲神天上帝之恩默示其知未來之事故在三千餘年又數百年之先預知救世主耶穌在於某朝某世代某地方在其童女之腹受孕而降生長養成人替代救贖人類之罪及其所行之事皆紀錄于書內傳至于後代迨至救世主耶穌降生之時及其長大所行各奇事與先知神用之人預指紀錄之

書、所言較論皆相符合、是以明知其係神天上帝之聖子、同神天上帝一性一體、由神天上帝大聖德受孕降生故也。且耶穌本是神之聖德、長大之時、聰明聖志、不用人傳習詩書、即識百體諸家字義、洞明眞經聖典、能與大才智學士之輩、辨論道理、學士輩不能勝其才志、反被辨博、不識其言眞經奧妙之義、故救世主耶穌、當時遂將救世眞經聖典、宣傳教人、況且傳道之際、又能行出各般希奇神迹、其隨口而說、即能醫痊各樣艱難的病、致使瞎眼者得見、啞者得講、聾者能聽、痲瘋者得淨潔、論耶穌凡所行各樣神迹、醫痊各樣奇難之病、不能悉指盡述、不過畧舉數事、証表其為神天上帝之子也。故所到各處、宣傳救世眞經聖理、教人悔罪改惡、信從眞經聖理、學善者、獲諸罪之赦、得靈魂之救、固積惡意、不肯信從之者、其靈魂必受永遠之苦、救世主耶穌凡所到之地方、宣救之時、即施神迹之能、醫治有各樣疾病之人、不受銀錢、惟醫病傳教而已、乃收門徒十二、皆賜各門徒以志識才能、洞明眞經聖理奧妙之旨、及賜各門徒能醫各樣奇難之病、但救世主耶穌在世上之時、只畧令各

人知其係神天上帝之子、惟將近受難要過世之時、乃預示各
門徒、得知其必替代世人受難受死、救贖世人之罪而死了之
後、三晝夜必復活再昇天之情、蓋救世主耶穌生在世上三十
餘年、傳教日久、又行各樣神迹、醫治病人、以致信從眞經聖理
者、不計其數、故其國內那等驕傲自義之士、及那僞善主事拜
神各祭者衆人、與那不肯敬信救世眞經聖理之輩、滿心妬忌
救世主耶穌之大能、故此那各等之人、同心合意、設計謀害救
世主、致聳動百姓、誣告救世主糾合愚民、欲自爲王、反叛國家

被那僞官准其誣告、欲悅那各等人之心、判定救世主受死之罪、那各等人卽擬救世主該釘在十字架之上受死、斯亦神天上帝隱藏不測之意、令救世主耶穌受這樣刑具而死、致能彀贖通天下萬國人的罪、假借各等羣兇之手、害死救世主耶穌、玉成替代贖罪救世人靈魂之意、當時有一義人名若色弗將香水洗净救世主耶穌之身、把白布包裹、安葬於新鑿開石穴之內、用大石塞蓋之、至第三日有天來神使退此大石、離開穴口、而救世主耶穌、果在死者之中復生活、故成驗各先知神人所論其受死復活之言也。救世主耶穌復活之後、還居住地上四旬之久、把救世眞經隱藏不測之奧旨、及靈魂重要之事、傳授各門徒、又救主未去昇天之先、預告許以自去上天之後、必有以聖神風賜賦各使徒、能明神天上帝之旨意、深知舊經奧義、乃作救世新經之理、遂合各門徒至通天下萬國宣傳、使人得知救世主眞經之道、及靈魂永活之意、但凡敬信救世主耶穌的眞經而受洗禮者、得靈魂永活之救、不肯信之者、定受永遠之苦也。蓋救世眞經聖理、是由神天上帝之子救世主耶穌自天降地宜傳播救親授與人故知人類有靈魂與妙之義及救世主耶穌在死後復生活乃知死後永福永禍之報應非荒唐無根之言而敢播傳於世上誘惑人心盲迷而作者豈能得免死後永遠之重罰乎所以西域有羅巴列國諸賢廣發仁愛之德竭其愛世之心不殫勤勞不惜費金習識漢文字義將救世眞經聖理播譯漢書之文寫成漢字之義傳流中國非徒利益己寶欲使人人感動興起知識寶貝靈魂之義卽改惡學善敬信救世主耶穌依從救世眞經而行到了死後可得靈魂之

救庶不辜負神天上帝、特賜救世主耶穌降世、替代世人受死贖罪之鴻恩、倘若自善自義、不知己過、不肯敬信救世主耶穌眞經聖理者、死後必落地獄之內、受永遠之苦、若到此時雖欲改悔亦不能及、獨在生前改惡從善、方可逃避死後永遠之刑罰也。斯乃至眞至義之理、凡讀此書者、切宜追思己過、遵信納受而從之、不可因文詞淺陋、遂輕忽棄擲之、蓋述此書者、依眞經奧旨詳論之、文詞雖鄙、義意深嘗、惟善讀者、深味而自得之、則知靈魂永活之義、尤知眞經聖理、必與世道大相懸絕、眞僞區別各不相同也。

論有一位主宰造化天地萬物

人所以爲萬物之虛靈者、因其有靈魂之妙神、及仁義禮智之常性、故知愛善恨惡、分辨是非、是以異於禽獸者斯幾希矣。夫人若不知善惡、不辨是非、又不知造養之主宰者、亦何異于禽獸者哉。且人雖不能知有造養之主宰、則亦能見其造化之功、蓋天地萬物萬類者、即其所造化生育之功、見此諸物、則知必有能造化之者也、蓋天地萬物非自然而得成、亦非陰陽能化生、是必有無限之能、而後能造化廣大無窮之物也。譬如平地之上、有大屋一間、極甚壯麗華美、人人皆知有建造之者、纔有此屋、非偶然有此華美之屋、但屋乃係小藝之工、尚且不能偶然得成、何況天地萬物萬類、若大之功者、焉能自然而化成哉。定必有造化之主宰也。既有造化之者、亦必有主管理之、致不能混亂、然後萬物各得其所生長榮枯矣。由此推論之、創造天地萬物萬類、及管理之者、乃係無形無像、無始無終、自然而然、自永遠至永遠之眞神、可稱神天上帝而已矣。其永坐於天上、世界萬國之人、該當日日獨敬畏奉拜之、其不需人手所造廟宇立像而拜之、乃在當空潔淨地方、或潔淨廳堂、或潔淨小屋、但不能得如此地方、而拜求者、只以潔淨靈心、可以隨處而敬拜之、凡倚賴救世主耶穌之聖名、誠心崇拜之者、神天上帝必聽准所求各善事、夫人不知而不崇敬拜之者、其罪尤輕、及知之而又不肯尊敬之者、自召重罰也、若人不肯敬拜神天上帝、乃反去奉拜那人手用木、石、紙、坭所作之像、為神者、正如人有自己父母、不尊敬、而把別人尊敬為父母、豈無大罪乎。或有人說云、神天上帝乃係天地人萬物之大主、至聖至尊之神、民人百姓係微賤汚穢之物、不敢奉拜、本是　君王及各大官員等該敬該拜的、庶民人等不能拜之、有此理乎。蓋天地人萬物之大主、乃係萬國萬類人之大父母、自　君王至庶民、該當尊敬崇拜的、不分貴賤尊卑、惟分善惡誠心與不誠心而已。神天上帝又恤憐世人之極、特賜聖子救世主耶穌、自天降地、代萬國人類受死、以贖萬國人類之罪、致使凡倚賴救世主耶穌之名、不拘貴賤尊卑、誠心拜求之者、所求各善事、必得准也。且世界

上萬國之人、在世人所論、雖有上下尊卑、貴賤之分、但在天上
神父之前、以萬國男女之人、就如其之子女一般、所以論拜求
天上神父者、不拘上下尊卑貴賤人等、惟以謝罪求免、感恩、垂
憐、更求帮助善養寶貝靈魂之德而已、即求福免禍之來、尚要
虛心聽候神父之旨意、凡事務要安分遵守神父之命令而行、
切不可因有事故怨天尤人、反加悖逆之罪也、至於那各坭塑
木彫之像、所謂菩薩者、拜之如拜坭木一般、無益而有罪、違逆
神天上帝之命、招災求禍也。况且各樣菩薩之類、本是人手隨

意而造作之物、那些游手好閑無賴的和尚道上、隨意呼其之名哄騙男女之人、奉拜祈求之、彼則假借各神佛菩薩之名、做出各般奇駭、使人樂心信從、施捨銀錢、其則獲利肥甘口腹、而已。蓋拜各樣菩薩之偶像者、十有八九不知其故、不過隨從衆人之意拜之而已。或有明知不該拜之者、亦媚世從俗、是以彼此各受暗昧迷惑、而不能醒察之者、只因私欲所致也。或有人說云、神天上帝、不能管理世界若大之事、致要各神佛菩薩帮理、如　君王要衆大臣管理國事一般、故越拜越信、不拜各神

佛菩薩者、其心亦不安也。夫混沌未開、乾坤未定、神天上帝乃
自無而化生天地萬物萬類者、豈有不能管理全世界之事乎。
且天地雖大、萬類人物雖多、在神天上帝看來不過如一家之
人耳、何難管理之、況且神天上帝乃係純靈、無所不知、無所不
在、無所不能、非　君王可比之也。蓋　君王者雖係至尊至貴
之人、不能無所不知、又不能無所不在、故要衆大臣帮理之、
神天上帝乃無所不知、無所不在、無所不能、自永遠至永遠之
眞神、不須助之之者也。比如在上古開闢之世代、那些神仙佛

祖菩薩之類、未有生出在世界之先、未死未爲神佛之時、是誰管理世界萬國衆人物、由此觀之、那些神佛菩薩之像、不能保祐人者、亦昭然明顯之、所以作此小書奉送與世人、好使世人固知天地萬物大主之盛恩、專心獨敬奉拜之、庶不辜負造化天地萬物大主宰、保養世人之鴻恩、方是追本尋源正經之大道也、此小書乃世上各處衆人所重、故文理淺近、可使衆人過目瞭然、冀智者、不可以其近而忽之、自棄其德、惟虛心下誦、則畧知本末造化之主、而知此書、亦不是虛謬矣、

論救世主耶穌降生代贖罪救世人之來歷

蓋普世萬國之人因失了初稟受善性之德遂迷惰于邪道曲逕惟知習俗循風不知當行正道之路以致善德漸遠而惡業日增所以事不拘好歹道不論邪正大率眼前常可覩看者固人所樂從倘以希奇幻術誘惑人者尤易悅人之心而信從之者亦以之爲確也夫今所傳乃恪遵

神天上帝默照啟示眞經奧妙之旨論及救世主代贖罪救世人之事這個來歷與神天上帝原造天地靈明人物之來歷大

不相同更出人意想之外蓋論天地靈明人物有一個主宰之神天上帝而世上之人還可容易信服若說到救世主耶穌自天降于地上爲骨肉之人替世人受苦受難受死代贖而救世人之罪多有人一時不能就肯信服這是甚麽緣故因謂天地人物之事現在眼前可能觀看之況且古來書史之上有許多畧合天地主宰之說話至於降生救世主耶穌之事原在西漢末年之時三代以上的書又未曾有說眼前又不能見憑據所一講到救世主耶穌降生代贖罪救世人好像是世上決定沒

有的事今若不講明其之奧義仍使世人之心不能信服因這一段道理更當緊要之事在我們世人眼睛看來恩莫大於造化天地人物之主但比不得救世主降生甘受苦難代贖罪救世人的恩因謂我們世人之肉身生長在世界之上了期甚速最久不出百年救世主降生代贖罪救世人之靈魂靈魂者係人身內之靈魂乃關係於永遠並無了期之日所以說更當緊要之事欲要講明必須從根上說起本來神天上帝造生人類之元祖最靈明最尊貴在萬物之上與萬物不同有這一種尊貴之妙性故

爲萬物之靈。今就目前事勢評論好歹。我們世人的居處服食等項。件件勝於禽獸。而人類還要被禽獸坑害。這是什麼緣故。當知神天上帝造化人類之始。原在地中用土塵造了男女兩人。男之名曰亞丹。女之名曰依活。二人，配爲夫婦。神天上帝安置他在美園福地之中。做萬世人類之元祖。萬物俱聽其命。不耕而食。不衣而華。無寒暑水潦疾病死亡之災。只命其夫婦二人遵命奉事上主。到了德備功全。肉身連靈魂同昇于永福之所。後世子孫。莫不如是。這事情原始之世界。神天上帝已定命人類之元祖故安居他在此美園福地之中亦賜萬萬千千的美好憑他享用獨立下一條禁命指一根知善惡的樹菓戒其勿食若違背了這樣極容易的戒命必要逐出美園之外諸美盡收不許再居福地肉身必有疾病死亡靈魂必遭永禍後世代之子孫都受餘殃垂諭甚明不料元祖聽從蛇魔所誘蛇魔者即邪神妄想一食此樹之菓即欲同神天上帝的全知之明頓起貪心貳違嚴命上干神天上帝義怒罰不適時從彼迄今至於世末酷暑苦寒四行偏勝男耕女織汗血迸流內則怒忿憂哀壽

天俱同一死、外則虎狼、蛇蝎、頑物亦准傷人、諸苦盡來、諸患悉起、憑他富貴貧窮、没有一個人可以逃脫此罰、這個非常大變、非同小可、肉身雖然如此、爲日尚且無多、還能容易過去、靈魂之永罰、竟無了期、故此現今人類、世世代代都是罪人的子孫、猶如國家叛逆充軍流徒之犯人、流在外省爲奴一樣、只因年久失迷、遺却原始眞經正道、無人能傳述眞經正道之義、好像本來就是這個光景、此與現在充軍的子孫、不知祖宗前時犯罪、發遣當落之根由、把烟瘴地方、認做是自己故鄉祖籍了、然神天上帝至仁無限、還欲令人回想本根、所以外美雖然盡除、惟內體之靈魂、雖染原罪、尚未曾削去本來的靈魂妙性、明悟記含愛欲之司、仍然超越世界萬物之上、今我們世上之人、只要把自己的才智聰明、宜推想一想、可信從前果有福地之根、但神天上帝原造生人類的本意、預備無窮的永福、以待人類享受之、乃一經變亂世界之後、因人人都有原罪、所以世代疎遠、從善如登、從惡如崩、更兼各方異端蜂起、各處人心膠固風俗、根深蔕固、雖或有大聖規模、亦無能挽回人心之錯、幸嘗

神天上帝仁慈垂救、早定神之聖子降生、代贖罪救世人之恩、
預早默照啟示歷代各先知賢哲、宣傳未來之事、於是由如氏
亞之國、離我們中國遙遠、雖同在亞細亞洲內。其國內歷代各
先知神用之人、世世相傳、比別國更顯更詳、悉知必有救世主
降生代贖罪救世人之事、卽救世主降生出世之處、與及由其
本國聖王後代子孫之家、而降生、亦預早默照啟示之、今所說
降生救世主、係神天上帝之聖子、結合神人之靈性、選一全備
福德童身之女為母、不由人道而受孕、乃默領聖神風而成胎、

於是在漢朝孝哀帝之年間、降誕在如德亞之國畢利恒城郊茅屋之內、曰以馬奴耳、（譯言神偕我們）名曰耶穌、（譯言救世主）生時神使在天空賡揚道云、汝等勿怕、我來告世人以大喜之福音、將示于諸民之報、蓋今日有生救世主也。忽雲中見偕各神使有一羣天軍讚頌神天上帝曰、榮歸與神至上者、太平于地、及人恩意矣。年滿三十、敷教授徒、多行神迹、醫治病人、至三十三歲、已滿救世贖罪之定期、假借茇兇之手、甘心受難、苦楚之極、釘死在十字架之上、時當日晝、則日月失光、地則震驚崩裂、人多哀、痛物盡慘傷、殮葬之後、三日三夜、救世主耶穌用其本來自有全能神之性、在塚之中、死而復活、仍居住地上四十日之久、講明代贖罪救世人眞經正道之旨、親授門徒、遂命門徒將救世眞經正道之義、播傳於普世之上、凡有敬信之者、獲永福、有罪過不肯信之者、更招永禍、事畢、於衆人之前、乘空直上昇于天堂、無數神使、扈從迎接、此則救世主降生代贖罪救世人復活昇天之大概。救世主耶穌昇天之後、各門徒遵命、將救世眞經正道之福音、播傳天下、這是聖史所載、眞經所傳、因神天上帝所行的事、原不是日用平常的見識、就能推通廣識之是必虛心默想、悔覺自罪、仰求聖神風之恩、感動靈魂之志、可以理會奧妙之旨、則心悅而誠信之、乃可以獲靈魂之救、若倨傲自滿、自暴自棄、不知自罪者、豈知救世眞經奧妙之義哉、亦自陷寶貝靈魂而已矣。惟上智者、謙躬自下、起敬起畏、誠心信服、仰獲靈魂之救、庶幾來生、尙有無窮之樂、斯救世眞經正道之秘義、非人思意推論之詞、乃蒙

神天上帝普施好生之德、垂恩啟示、令人得知眞經奧旨、致使

凡敬信之者、必獲永遠安樂眞福、但忽畧之者、自招永禍與讀
此書者不可以爲虛論浮言、遂遽忽畧之、逆
神天上帝頒賜赦罪恩詔、則焉能獲免禍哉、

聖經神詩篇十九首

蓋其諸天者、明示神爺火華之榮、且天空示其手作。日與日發
言、夜與夜示教、無言無語、伊聲未聽、伊之聲出於全地、伊之言
至世界之末也。在伊等之中、其爲太陽而設過、一帳房卽是其
似新郎出其房、且似有力之人、悅跑其路也。其從天之末而出、

且其運行至末也。無物不沾其之熱、神爺火華之法全也、可挽回人靈心、神爺火華之教也、使愚者得智、神爺火華之誡也、可樂人心、神爺火華之命令純也、可明人眼、神爺火華之畏清也、存於永遠、神爺火華之審斷乃眞也、全義也、比金且多細金更可欲、獲甜於蜜、於流出之蜜也。又者以伊等而汝之僕得戒、且以守之、大有報賞也。誰可全知己過、求汝淨我于私密之過、求汝僕不許冒犯、不許罪勝我、如是我可為全正、且我可免得犯其大罪也。神爺火華歟、我力我贖救者、求准以我口之言、我心之念可在汝面前被悅接矣。

聖經神詩篇三十三首〤節起至末節止

神爺火華之言乃正、厥諸行作以眞而行也。其愛義行與正理矣。地者滿以神爺火華之恩也。以神爺火華之言天本被造及天之諸軍以神爺火華之口氣被作也。其集海之諸水如壘、其藏深者于倉所也。滿地者宜畏神爺火華也。及世間之諸人應畏懼之、蓋其出言而卽得在、其發命而卽得成也。各國所議神爺火華負之、衆民之謀其使之歸無也。惟神爺火華所議固立至永遠、厥心之意、存於之萬世也、神爺火華爲一國之神、是國乃福矣、又其所選之民以爲自業、一然神爺火華從天視下、其看着世上之諸人子、從其所居之所、其看着住地之衆人、其造伊等之諸心一一個樣、其念着伊等之諸行作、未有一王以其軍之衆多得救、有勇之人非以大力而獲救也、一匹馬以防範無益、並不能以其大力救人、夫神爺火華之目在畏他者之身上、卽是望向厥恤憐者之上也、以救伊靈魂不死、又於荒時以存伊活焉、我們靈心候神爺火華、其乃與吾儕爲助者爲籐牌也蓋我等將喜于之、因曾倚賴厥聖名也、神爺火華者歟、施爾恤憐在我等身上、依吾儕望向爾焉。

聖經以賽亞篇四十五章五節起至二十一節止

神爺火華曰、除我外而未有別個神也。雖爾等世上之人、向來未認得我、我要以帶圍着爾等、致從日昇之處、並從西日落之人、皆可知以我之外、未有別神、我乃神爺火華者、而無另有也。造光而化黑、使平安而化凶者、神爺火華者、是事皆爲我製造之者也、爾諸天歟、從上以露滴下、且由得各雲以義而雨下、使地開其胸而救援者結其果實也使公審萌出其芽神爺火華者造化之矣其與造之之勢而對爭者禍哉瓦片可對做埿模之人爭哉其埿可對陶人云爾爲何如此造乎或對工人云爾亦無有手乎或人對其父親云爾已生我何耶又對母親云爾生我像何物乎等云皆禍哉也

神爺火華者原造化未來之事有如此云爾等問及我衆子乎爾等或論我手之工作而指示我乎我原造斯地並地上之人皆我造化也我又以手張開其諸天並天之諸軍我皆然給與

之以命也、我以義然而起之、且我將使其諸道爲平也、其將建
我城、而釋我被掠之俘人、非因價、並非因賞也、是乃神爺火華
者諸軍之神所言矣。
神爺火華如此云、以至比多之財、與古是之貨物、且撒便之人、
身體高長者、皆將歸神、及屬神也、其將隨神之後、且謙然求于
神也。獨在于神、纔係神也、除神外並無神也、萬國之神贖救者、
歟、固然神自隱爲已議者之神也。其的衆敵悉然羞辱、且使溷
然、凡製造偶神像者、皆必亂然退回、惟萬國必于神爺火華而

獲永救也。其將不被羞辱、並不被使溷、至永遠之世代矣。蓋神爺火華原造諸天、其乃神也、且造化斯地而模之立定之、其未虛然而造地、且化之爲衆生居住之也、神曰、我乃神爺火華者、而無另有也。我向未隱然、或于地之暗處而言、我未對世上之人道云、爾等無益然而求我、我乃神爺火華者言眞而直答者也。爾等皆自集而來、從各國而脫逃者、皆自集會也。何以自所彫刻之木、帶之而巡行、並告禱一個不能使救之神者、皆無所知也

聖經創世歷代傳或稱厄尼西書

第一章

論神造化天地萬物

神當始創造天地、時地無模且虛、又暗在深面之上、而神之風搖動于水面也、神曰由得光、而卽有光也。且神視光爲好、神乃分別光暗也、光者神名之爲日、暗者其名之爲夜、且夕且旦爲首日也、神曰、在水之中由得天空、致分別水、于水、且神化成天空、而分別水在天空之上、于水在天空之下、而卽有之。其空神名之爲天、且夕旦爲次日也。神又曰、由天下之水得集一處、且乾土、發現而卽有之、乾土者、神名之爲地、集水者、其名爲洋、而神視之爲好也。神曰、由地萌芽菜草發種、隨其類樹在地有種在自之內結實、隨其類、而卽有之。則地萌芽又菜發種、隨其類、樹亦有種在自之內結實、隨其類、而神視之爲好、且夕旦爲第三日也。神曰、由各光在于天之天空、以分別日夜、且以使號時日年、由其光明者、在于天之天空、以發光于地上、而卽有之、且神造成兩太光、其大光以理日、其小光以理夜、亦造化星之光也、神置之于天之天空、以使光與地上、及理日夜、又以分光暗者、而神視之爲好也。夕且爲第四日矣、神曰由水生出所有身爬行動而有生命之物、雀鳥飛地之上、卽是天空之面也。且神創造大鰲魚、及各所有生命而動者、水生長之物隨其類、各飛鳥隨其類、而神視之爲好矣。且神祝之曰、生盛加增、及滿水于海、又鳥加增于地也。且夕旦爲第五日也、神曰、由地生出所生活之物隨其類、卽牲口身爬行者、禽獸地上各隨其類、而卽有之。神造化禽獸地上隨其類、牲口隨其類、及各所爬行地上者、而神視之爲好也。且神曰由我等造化人類、照我等之像、亦照我彷彿者、及許伊等宰治魚于海、鳥空中、牲口、各處地上及各所爬行地上也。神則造化人照自像、照神聖像造之、其造化之男女也。神又視伊等而神謂之曰、盛加增及滿地、又服及宰治魚于海、鳥空中、與各所有生命而動地上者也。神曰夫我賜爾等各菜有種者、全地之上、又各樹有實在自而發種也。其與爾爲所食、及與各禽獸地上、各鳥空中、各所爬行地上有生命者、我已賜各綠菜以爲所食、而即有之、且神視其各所造而皆眞爲甚好矣、又夕旦爲第六日也。

論元始造生之人初性本善

神爺火華元始自無造化天上日月星宿、夻乾土發現、凝積爲地生化萬物、飛潛動植、各得其所、但在斯時之際、尚未有人、神爺火華乃照自像之彷彿、以地土紅塵而造成一人、將靈命之、氣吹進其鼻孔之中、故地土紅塵所造之人、即時變爲活靈之身體、全體渾然盡善盡美、其先造作之者、係屬男人、神爺火華後以深睡落于斯男人之身、夻其困倦酣睡之至、遂在斯男人身中之脇骨、取出一條、復塞滿其身之肉、即將此脇骨造成一個女人、所以至今凡屬女人者、比男人多一條脇骨也。其男人之名呼為以丹、言其由紅土之塵造成其身體也。女人之名呼為依活、言所有人類之屬、皆由依之而生活、神爺火華造成斯男女二人、全體渾然善性、而無惡慾之心、故曰人之初、性本善者、乃論神爺火華元始造成男女二人、性未遷之時也。且其二人雖如為夫婦之親、尚不識惡慾之情、更兼當時其二人雖然無衣蓋身、惟赤體露裸、亦不見羞、神爺火華安置斯二人在于福樂希但美園之中、萬般福樂、任其二人享用、獨命其二人守天律、事神爺火華而已。元始男女二人未犯天律之先、性本全善、所以神人之性、上下合於善德者、在于斯時之際、神人各享福樂、誠是極樂之世界、其之美好、實不能模擬萬分之一、不過畧言其當時福樂之大概而已。

勸世良言卷四

聖經若翰篇六章二十七節

論人勿獨勞心爲肉身之糧、乃要善養靈魂更爲福、

勿勞得可壞之糧、乃以得存於常生之糧、○勞者勞力勞心之意也、可壞之糧者、肉身凡所用飲食之物、及衣服器皿之類是也、常生之糧者、卽是福音眞經之道理、凡有人敬信救世主耶穌、遵從福音眞經道理、而行善者、乃有常生之福、肉身死了之後、靈魂之生命、至來生獲享而得之永遠之福無窮之樂也、夫肉身之糧、乃係人生在世界之上、暫時要需用之物、肉身死過之後、與本人沒絲毫之益、故曰可壞之糧、蓋雖富貴之極、萬樣

之物皆有、亦不必過於專心留戀思慕之、又貧窮雖極、亦不須
太過傷心、惟固窮守分、凡事聽命於神天上帝、總要存心積德
慕及常生之福、比世界之福更爲好、越長久之業也。故曰敬信
於救世主耶穌、以仁愛而行、乃有靈魂生命之益、蓋因世人獨
知肉身生命爲貴、不知在肉身之內、有個靈魂生命更爲寶、尤
爲貴、且肉身死了之後、靈魂生命脫出屍身而入來生的世界、
乃係永遠不死的、故人在世界生活之時、不知思慮積聚常生
之糧、而到肉身死了之際、靈魂生命脫出屍身、到了來生之日、

若無常生之糧積便養其靈魂將以何而養靈魂生命乎豈不是就要受饑餓之苦禍哉蓋肉身在生之時三日不食乃說耳無聞月無見尚有如此之艱難何況靈魂生命無糧積便養之者焉能得生蓋必死矣死者即是要受永苦因靈魂之生命死之能不足勝之亦不能散滅之故靈魂生命無糧者就係要受苦所以說常生之糧乃係信救世主耶穌守福音之道依仁愛善德而行若人認識救世主有了善信兩樣之德就是靈魂生命根本之福永遠之糧沒有天來之救世主這信善兩樣之德

則無靈魂生命的權、故曰無論富貴貧窮之人、皆要先懷信救世主、賴聖神風行善之德、爲養靈魂生命之本、而後圖養肉身之糧爲末、知斯二者、則知可壞之權、與常生之權也。奈何舉世之人、反以末爲本、而以根本之道爲末、豈不可惜哉。蓋因本末舛亂、遂至終日只爲肉身生命的衣食、奔走忙速、不息勞苦、冬日則櫛風沐雪、不畏冰霜寒冷之慘、夏天不懼酷熱炎暑之傷、都爲衣祿二字、雖艱辛險阻、亦不惜其身、殊不知財帛之事、或者勉強亦能謀得到手、但恐財祿已得、而忽然身死氣斷、把平生勞苦所積的財帛、一旦盡歸別人、任人隨意浪用、與死過本人之身、毫無干涉、故曰、如是來、必盡然、如是去、總係虛然、徒勞有何益哉。且人一生勞苦之極、特爲口腹衣食之供用、日夕奔走風塵、死而後已、就是財帛盈庭、其心尚且不能知足、從古至今、未有見人厭棄財帛之多、而白白送與別人用的、都係爲財而死者衆也。故曰、如是富人、將來必衰敗於其路之間、斯皆獨慕富貴衣祿榮華、心高志傲、不肯信從福音奧妙之道、常生之義、以致獨知世樂爲福、不知來生永福之樂、却有無窮無盡之美也、蓋人生宇宙之間、衣服飲食之物、一日不能無之、但不可獨因之太過思慮之耳、且世上之物、如草一般、又人之榮華富貴、亦如草之花、其草若枯、則花之嬌艷亦殘敗矣。榮華富貴者、亦由是也。惟獨遵守神天上帝福音之言、永遠生活而常在、蓋人居住世界之中、如過路之客、經由世界之道、遂而已。必要歸至天堂之家、爲心、故忠臣孝子、視死如歸、靈魂生命本在天堂而出、歸至天堂者、纔是靈魂生命之本家、故世上之人、勿因爲自己一身之事未了、又可慮及子孫、而積財帛於地、但恐怕有蟲齒食之、又會生銹而壞之、更怕盜賊打進房屋而偷之、乃宜爲自己積德行善工、備便常生的財帛於天、彼處無蟲可食、無銹可壞、又無盜賊可打進而偷之也。蓋積善工財帛的所在、人的靈魂生命至永生、亦同之而享焉。夫會敗會壞之財帛、倘要費心努力纔能得之、乃不可壞不能敗之糧者、豈不是更要專心竭力而求之、纔能得之哉。故人非宜味屬在地上之諸情、乃宜味於天上常生之眞福、即凡敬信救世主福音行善者、則可獲常生之福、又救世主耶穌賜人得常生之福、而總不致沉淪、又無何可能奪之出其手、且救世主耶穌、乃係復活人靈魂生命者、又生人之善心者也、凡人信於救世主耶穌、心雖似死於罪惡之中、而必令之生活於善義之道、且凡生在世上之人、而信於救世主耶穌、其靈魂生命、總不致死、且救世主耶穌、必求神父、（神父二字則指天地之大主宰）賜伊靈魂生命永居之所、又有人愛救世主耶穌福音之道、救世主耶穌、亦喜樂而愛之、現在凡敬信救世主耶穌之人、已救出罪惡之中、而為神之僕、獲得聖善清潔之事為利、又望得常生之福為終、故凡事以聖潔相交、虔心奉事神天上帝、想望脫出世界之苦、快至神天上帝所許賜靈魂生命享福之日、是以弗觀世上所見之物為福、乃觀所不能見之真福為樂、蓋所能看見之物、暫時享用之福、或有或無、不能足人之心、惟不能觀見之福、係存於善人之靈心、而知必有永遠之安樂也、故凡富貴貧窮之人、若肯專心索求永常生之福、今生在世常安而自足、肉身死後、靈魂生命進來生之時、亦享無窮之樂、若獨慕敗壞之糧、生時心亦不足、死後靈魂生命、亦有無窮之痛苦、凡有智者、試以虛靈之志、揆度而選之、何一樣

聖經羅馬篇二章一節

爲輕重所宜審察之幸勿自迷而棄常生之樂要思想死後永遠禍福爲憂悅之心將來或有可樂之美若糊塗自昧而度日者必有無窮盡之苦豈是暴氣自傲者則能逃脫永禍哉

論人獨知別人之過不知自己之愆

因此爾凡人審者自無諉也蓋以汝審他人即自斷己非○爾字指已識眞道之人他人二字指未識眞道之人也此係保羅勸戒之言曰你們既然已識眞道之義故能審察別人不知誠律不識善義而行邪惡者必先審自之愆察己的惡謹身敬守

誡律而行、勿固犯之、務要言行相合、舉動相符、德業相稱、使人觀之有法、效之有則、乃能令人興起眞道之義、而遠於邪惡之道矣。若獨審察人的過愆、而不察己、不遵律誡而行、反自犯之者、豈能感動人的心哉、徒知察審他人的是非而已、有何益乎。若不早圖自悔、逆至怙終不悛、罪惡貫盈、到死之日、汝亦不能逃脫神天上帝公義審斷之時、不由人推諉自惡、蓋其能知誡律、教人所當行、而又自己犯之者、惟判定之、更永受苦罰而已。故人有生命之日、切於審己爲本、而察人則爲末、且更滅己於德尤能感格人與起於善而歸附眞道之境此誠己誠人之道蓋可忽乎哉奈何今之爲人者不肯用工修己獨慕審察人非故有人雖不作奸淫邪惡事或見別人行之者則深恨之至憎惡之極不思勸人勿做邪婬奸惡之事獨毀謗講論人的惡而已但自己自生出世日日得神天上帝養育之保祐之又供給各般日用之需一呼一吸時刻不離自始至終都係神天上帝庇祐纔得生活於世這樣的大恩日夕受之不已尚且不肯崇敬造化天地人萬物之主爲神乃說所有日用諸般之物係自

已本事賺銀來買的或說是某菩薩神佛保祐所賜的遂去酬謝敬神佛的恩昧此此大德罪惡無窮之極舉世之人獨自迷不知而惟識奸惡邪婬的罪是重蓋邪婬固是大惡比之悖逆神天上帝不肯尊崇之者其惡之罪不能勝數且如今人人却犯此悖逆大罪而神天上帝亦賜萬物養之者猶如為父母的心雖忤逆之子亦必養之教之不肯棄之望其悔改如今神天上帝待人亦是如此之意雖世人固懷惡心不肯尊敬之而又養之赦欲世人悔改惡逆之心醒察尋求本源之道免遭死後永

逆之罰且世人不必論得了神天上帝甚麼大恩就是神天上帝不令太陽普照全地人雖有大才幹之能沒太陽之光亦無處可以施展才能又神天上帝不降雨水在地面之上數年之內誠恐世界上萬樣之物亦必死其大半矣由此推論之不知如此大恩者其之罪惡眞該受無窮盡之罰矣又有人見賭錢之人不肯做工日夕以賭錢爲事業弗奉養父母不顧妻兒弗守本分者算爲不好的人常行惡事惟其自己心內常懷奸巧之心詭詐之謀嫉妒的念妄言亂語以是爲非又以非爲是迎

人的意逢人之惡長人之慾見善人粧飾慈憐的心走在惡人之所遂露出惡態之形弗存一毫善念在心不作一些忠厚之事有錢財之時則倨傲輕人沒錢財之際乃無所不爲雖汚賤下流亦肯作之這樣的人正是大惡罪不勝數乃不思自責其非獨責那賭錢懶怠者爲惡豈責人則明恕已則昏如此之人若不痛悔自改惟旹自己的靈魂尤甚只思瞞得人過爲傲倖不想怎瞞得神天上帝無所不知者乎又有人見別人日夕孜孜爲善存心修德倘或有些不及之處伊則俏聽窺覘得些言

語、之證、遂傳揚不已、逢人便說、某人常時勸人學善、行善、而其
自己却有這樣不合理之事、那樣不照善法而行、說長道短、却
不知自己日夜所思想的、都是貪念、姦婬、邪惡、憎恨的念、高己
卑人之念、慳恪不捨之念、無端妄想等之各惡念、不以之爲罪、
乃以別人的錯處、是爲惡、豈獨窺人過失爲能、不察自己滿胸
邪慾惡念者、何益之有哉、蓋當今之世、人心不遜、風俗陵夷、各
處的人、都係察審別人之過失太多、責被自己之惡處者甚少、
苟有人獨思責備自己之惡、不見別人的過失者、誠是樂善不

倦修身進德之賢人、柰何稀見之、因人人皆以自行的事爲善、而觀他人所行的事、則是惡、故保羅申明審己察人之意、使人厚於察己、而薄於責人、則庶乎其不差矣。又救世主耶穌曰、你僞善者、先拔刺片出己之目、方可見拔沙塵出你兄弟之目也、此救世主之言、亦專責那些假作僞善之人、獨能見別人之小慾、不知自己的大惡、外面裝飾善人之模樣、內懷狼毒之心、若看見別人略有些過失之處、卽指出責備之、惟自己有惡處、遂遮掩秘護之、不思悔改、獨能掩飾人之耳目者、則爲智矣。所以救世主警戒這等人之意、亦深切矣、苟有這樣之心者、速宜悔改、之務要存心修德、恆存善義之道、然後乃可勸責人之愆、且人亦必受勸而改其非、若不依此而行、徒慕審人之愆者、至終亦必被神天上帝審斷其惡、倍加罰其罪、彼時雖欲強辨推諉、亦無詞可對惟切齒自恨、拘入地獄之中、永受苦罰而已。故反覆推明能審察別人爲惡者、切宜先自察己勿徒審別人之過、而恕己之惡則自欺之甚矣。蓋在陽世之上、任人自是自欺、而於來生陰間之時、焉能瞞得神天上帝無所不在者、不能罰人欺心欺天之罪惡乎是誠不能也獨在陽間之日痛恨諸惡悔改前非敬信耶穌爲神之子尊崇神天上帝爲造化萬物之主并恆守神天上帝定命的聖誡而行乃可免死後的永苦且更獲永遠之納福若人不肯勉力而尋求之者眞癡愚之極情願甘蹈火坑不悅走於逍遙安樂的道豈能稱得人爲萬物之靈者哉祈懇觀斯鄙言者宜熟玩味之免生後悔

論世界之上並無實福

我觀親手凡所作之諸工並凡勞作之勞皆爲虛然及心之懊

也則在太陽之下並無何福也○此言乃古時一位極有智識的國王名所羅門所說云我身爲一國之主富貴已極故此日夕以智識搜求世上之事何一樣算爲至安樂長久的福可足人心之欲者夫世上所謂有財有勢有酒有色算爲享受安樂的福且我現在金堆如陵銀積如山則財亦算爲足矣故我任意用金銀布散之大與土木之工尋訪奇巧與妙精工而廣智識之機朝夕沉思默想亦覺沒甚趣味反爲勞心之至懊惱之極更覺損害心靈之志矣又以勢而論之自思身爲一國之主

威名揚於各國、權勢亦可爲盛矣、遂在威勢之中、臣民之所廣求智識之義、博問義理、究察隱微、且亦不能增廣智識、乃更招許多繁難懊惱之事、益加憎恨之念、而卽不留心於斯、乃專務於酒食之事、在酒食之間、用心索求智識之美、或可擴充增益奧妙之義、然亦不得之、更爲癡獃繁勞矣、故亦不以此爲智、乃思女色、人以爲快樂者、而其選擇妻妾妃嬪之人、嬌嬈之女千數之多、遂用心狂勃於女色之間、男歌女唱、宮娥雅樂、奏和新音、千嬌百媚、調盡雅韻、淸平之樂、快暢之至、似爲享福之極、殊不知正是害人智亂心昏、誘人喪身敗德、莫此爲甚之極矣、蓋財勢酒色諸事、王亦盡有、其亦畱心以智識細察而試之、固知財勢酒色這各事、雖皆得之、則爲富貴享福之極、但不獨弗能增人之智、反損人之德、令人更招懊惱之至、看來都是虛浮之福、朝得暮失、焉能足人之心、雖說享福、亦是浮游之樂、不能令人心足、反加增人許多思慮而已、故王曰、太陽之下、並無何福者、此之謂也、且王之智識英靈、明知世界之上、無何算是實在之福、蓋王所謂福者、獨望得神天上帝、赦了諸罪、算爲無罪之人身雖極富極貴亦要存心敬畏神天上帝聖誠遵而行之如此則確知實有長生之福永享安樂存之於天得之不能失之且足人心之欲也若神天上帝看我是大罪惡之人身雖盡享富貴之歡至死後之時其靈魂之生命亦不能逃脫所該受的永苦故何必留戀於富貴暫樂者哉由王所論而推之以其之富貴權勢件件悉有猶不以之算爲福獨得神天上帝赦罪爲眞福可知地上無實福天上纔有福也然則今之所謂富貴財帛多者未必都是富貴之極且宇宙之内亦不

能得幾個人如王的富貴一般、然王尚且不以其富貴爲心、乃求得諸罪之赦爲眞福、是以現在凡爲富戶之人、何必固恃富足無憂之心、獨慕財勢酒色之樂、自謂長久之福、不思在世縱有百年之生命、亦未必有三萬六千日之樂、若到老邁之日盡頭要死之時、則財勢酒色之歡不能挽留得住、又不能以財勢換之可免死也、蓋人生世上有財有勢、固是人之所悅、但不可獨留戀於富貴之中、而不思猶有更當急務者、來生永樂之眞福、死後靈魂生命所享嗣之者也、若人獨慕今世之暫樂而失來生永樂的眞福、其死之後、却有永遠不能休息之苦難、必要受之、故不如預早悔罪信救世主、祈助修身修德遠避之可也。且論今世之福、倘有人自出娘胎、生在富貴之家、享福之地、亦是有限快樂之年、幼年不知快樂、老年無能受樂、中間不過三四十年虛浮之歡、能保得沒有盜賊之害、官刑災病忽來之苦、亦能保得無有怨恨、愁煩、忿懼、悲哀卽至之憂、蓋世上雖富而又貴之人、亦總不能稱心如意、一世之樂、一刻便成空、一日之憂、一生消不盡、若說富貴是福、却無轉眼的快活、如何算得是福、通是最容易分辨的事、奈何世上之人、俗眼凡觀、却把富貴二字認得極眞極切、豈不知世上之福、假而不眞、暫而不久、虛而不實、用之合得神天上帝之法、因可以借勢立善之工、用之不合神天上帝的法、必致喪身敗德、凡眞正修身克己之君子、雖得天下富貴的降爵、若不能遵神天上帝之道而行者、乃棄天下之富貴如棄敝屣一般、視軒冕之冠如泥塗一樣、惟修身仰求來生之永福、決不肯養小以失大、小指肉身、大指靈魂、養指世上的虛樂、失指失了天堂之永福、因來生之眞福係人本來所因有、故不能得之者、必謂之失、一失了、不能再得、得之亦不能再失、不比世上富貴之福、忽然得之、忽然又失之、有朝不能保夕之危者、蓋許多富貴之人、早上乃無憂無慮、合家歡欣、却至晚上則舉家悲哀憂苦之極、這樣是富貴人家常有的事、不能保得長享富貴快樂之家、是以身居富貴之室者、切宜醒察之、可借重富貴之勢、廣行善義之工、追求永福之路、如王所羅們以之爲福者、卽是敬畏神天上帝、守其至聖明誡、敬信救世主耶穌、爲神之子、則生前得心之安、死後靈魂亦得享眞福之樂、這是生順死安、永沾神天上帝無休無窮之福澤矣、豈是把世福算爲永樂者哉。今且說世上不論富貴貧窮之人頭一件當緊的事就要知得天地人萬物的大主宰、惟獨尊崇之、第二件當緊的事就要知到有一位救世主耶穌、係神天上帝之子、因世人之罪自天降地、替代世人受死贖了世人的罪、故至今凡信之倚賴其功勞爲善者、可獲靈魂之救、尤得享嗣眞福、不肯信之獨行惡者、必失靈魂之救、更要受永苦、第三件當緊的事就要知得自己身內有個寶貝靈魂、比肉身更貴重更長遠永不壞的靈物、第四件當緊的事、就要明白人死後有個天堂永福可享、又有地獄永禍可受、這兩處所在人死之後、必居其一、第五件當緊的事、就要曉得人有兩個生命、肉身一、靈魂一、肉身的生命、了期甚速、最久不出百年之外、而必定要死、靈魂的生命、有始無終、永遠不死的、這兩樣生命、切要認得眞識得破、若獨顧肉身的暫樂、總不思想靈魂生命之長遠禍福、這豈不是把暫時富貴的快樂爲重、却把來生的永福爲輕、如何使得、是以人生於天地之間、必要明白這五件至緊要的道理、存心省察之、遵信而行之、則爲富貴者、必樂心欣歡、作善不倦、貧窮者雖饔飧不給、亦有餘歡、且死後至來生之世、靈魂的生命亦享受永樂之眞福、豈不美哉。苟不信這五樣要緊的道理、獨慕世上富貴爲福、亦徒得今生暫時的虛樂、究竟失了來生永享的眞福、尤要受永遠的苦禍、何爲輕重者哉。蓋今之爲富貴者、豈不自醒而熟察之、莫待死後在地獄受苦之時、思欲悔改而不可得矣。獨在陽間有生命之日、可以悔改、過此大限、則不能也。若有以死後之禍福爲嘻戲者、是自戕賊其靈魂生命

之甚者也是誰之過歟是誰之過歟

創世歷代聖經傳

第六七章全旨　論洪水勦滅全世界上之人物

神爺火華當始既然造化而生世人在全地面之時、亦有女兒而生與伊等、神之子輩遇見人之女兒爲好看、則隨意娶之爲妻、於其各所悅之間、且神爺火華曰、我神風不要常勉爭與人、蓋其亦爲肉、惟其日子尚致一百有二十年之際、當時有一種高大之人生在地面、蓋神之子輩與人之女兒交媾之後、則各女所生之子爲大有能之人卽古時大有名聲之人也神見在地各人之惡爲大以致其心之各念圖常常獨不善而已故神爺火華因已造生世人在於地上則悔且其心憂矣神爺火華曰我所造生之人我將勦滅之從地面而去所有人連獸及爬行之物與空中之鳥蓋已造生之我悔矣惟挪亞遇恩於神爺火華之眼前蓋挪亞在斯世代之間爲善義之人存心於道德者偕神之正道而行矣且挪亞生三子長曰是麥次曰夏麥三曰牙弗得此乃挪亞之歷代也當時之世在神之前全地已經

汚壞了又滿地以強矣神視其地却見汚壞蓋地上各肉自己的行爲已汚壞神謂挪亞曰各肉在我之前已就末矣蓋地爲之以強滿矣夫我要將世人連地勦滅之也且爾可用哦嘸木而做一隻啞呷嘩（啞呷嘩乃船似大船之樣）其內爾用木做各房子且以瀝青抹之內外爾要這樣做法其啞呷嘩長爲三十丈其寬爲五丈其高爲三丈爾做窗子於啞呷嘩之中而在於其窗上做成一尺之方正又啞呷嘩之門在旁邊而做成之爾要做成上中下等樓之樣也夫我卽將使洪水來地面之上以敗壞通天下

衆內有生氣者、則各在地面必將死矣、惟我將同爾立契約、爾進啞吧之時、必連爾之妻及子輩、又同爾子輩之妻焉、自各生物之中、爾將取每樣兩個、牽進啞吧之內、以致同爾存生、又取之、該爲雌雄公母也、由鳥雀之中、隨其類由禽獸之中隨其類、由所有身爬行動於地上、隨其類、由各項之中必取兩個同爾進、以存之之生命矣、在各可食之糧、爾必取之以爲所食、連與各禽獸及各生物所食、

神爺火華凡所命之之言、挼亞遵照如此而行、立卽行之不敢

遵命也

第七章全旨

神爺火華復謂挪亞曰、爾偕爾各家可來進啞咡嗶之內、蓋現世代之中在我之前見爾爲義矣。且爾自各淨獸必取七口七口雌雄、而自各不淨獸亦必取兩口雌雄、又空中之鳥七隻七隻雌雄、以致存種生於各地面之上、蓋待七日我將使雨下於地上四十日連四十夜之間、且我凡所造化之各生物將從地面之上而敗去也。神爺火華凡各所命挪亞、即照而辦成之。洪水未淹浸地面之時、挪亞已有六百歲年紀、且挪亞與其妻、並各子及媳、婦同進啞唎嗶之內、因洪水漸到、故其在淨獸之中、不淨獸之中、及鳥並所有身爬行地上者、皆取兩口、公母同挪亞而進啞唎嗶、照神凡所命也。適過七日之後、於挪亞在世六百年二月十七日、果有洪水而來地上、卽日大深淵之各源被打開、並天之水門亦被開、且雨下在地上四十日連四十夜、之間挪亞與其三子、是麥、夏麥、牙弗、得並其之妻、及其三個兒子之妻、同之在啞唎嗶之內、且各獸依其類、各牲口依其類、各有身爬行地上、各鳥依其類、各照各項、亦皆與挪亞進啞吽嘩之中、自各肉之公母所有生氣、各兩個雌雄同入照神所命之、各肉皆進啞吽嘩之後、神爺火華即關封之、且洪水在地上四十日而增加以致浮起啞吽嘩舉之高於地上、洪水大增地上、而啞吽嘩行於水面而走、又覺有水越增至大、則普天下各高之山亦被盖矣。水增加大於山頂之上一丈五尺、盖蓋之、而各所動在地上之肉皆死、連鳥獸牲口及各所有身爬行於地上者、又各人有生氣在其鼻孔之內、凡在乾地之上皆死矣、各在地面上之生物被敗連人牲口爬行者、並天之鳥皆被敗從自地面之上而去、獨有挼亞一家八口存生、並挼亞所帶進啞呷嗹各樣獸牲口爬行各類者、皆得存生不受敗也。

元五

馬竇篇十六章廿六節

論靈魂生命貴於珍寶美物

救主曰、蓋一人若得普天下之好、而喪自己之命、則有何益乎、又其將如何而換厥命也。

宇宙內世間之上、萬樣美物、人之所用、固然而用之則用、惟不可留戀於美物而棄善德也。蓋人苟以心獨一貼從於萬物者、即人被萬物所誘矣。夫天下之美物、有巨細精粗、有珍寶奇玩、物物有用、樣樣精奇、種種之妙、不能勝數、苟或以盡天下之珍寶美物、統歸於一人之手、則其必自爲心足意願矣。倘或得之、亦不過享受數十年之久、不出百年之外、死過之後、不知歸誰之手、故生時因爲美物而死、則爲空矣。是以獨嗜世上之物、而不肯敬信福音之道、不尊崇神天、不修善修德、不顧靈魂生命之救、而失之者、且共各珍寶物能贖救你靈魂之生命乎。人到了死日、雖有天下之尊貴、天下至寶之物、則亦不能相換生命半個時候矣。故救世主降世、特發此言、勸人及早遵信救世福音之道、存心修德、勿空度光陰、蓋世上至尊至貴之位、比不得人靈魂之生命、得救若失之、則有永遠之禍、且過此生命限定之時、欲悔前惡、悔之不及、而欲改前非、改之亦不能矣、夫人之生死、孰能預知其死之時、且看一年之終、老年之人固然有死、而中年者死亦不少矣、故人之生死弗能定其長久、務要悔罪信救主、修善積德、預備之則爲福矣、豈可以至貴重靈魂之生命付之不聞、而把世上之虛物當爲重哉、蓋人修心養性、作善畜德乃本分當然之理、行之久已不倦、則自然而然、且死期若至、乃順命而受之、則生亦安、死亦樂矣、

論世盡審判、必先判斷神天信徒之家、後判不順神天之

人、

聖保羅曰、蓋吾輩皆必當基督之審臺、以使各獲本身所行照其善惡之報、

可林篇一書四章十七節

此聖保羅言云、蓋天燒地滅、世界窮盡、萬物完畢已到之時、而萬國上中下三等之人民、聚會在於一處、聽候救世主耶穌審斷各國之人、在世界之上、日夕所行善惡之事、此時必先審斷明知救世福音之道、獨拜神天上帝之家、知善惡有永福永禍之人、蓋伊等因已信救世福音之道、而知有個寶貝靈魂之生

[illegible]

命、且有今世來生永遠之禍福、若明知誡律的賞罰、而故意犯罪、將罰必增加、惟遵誡律而存心奉事神天、恆守善義者、賞以安樂永遠之福、且其信從救世福音之道、明知而弗行者、固罪不容誅、又其已聽知救世福音之道、而固積惡意、不肯敬信之者、其之罪亦必重究而罰之、不能赦恕矣。然而既信從救世福音之道、尚要日夕留心遵守而行、纔得安樂之福、否則永禍必加、罰之無窮矣。且凡不遵敬神天、不信救世福音之道、不顧靈魂、不修善德、孜孜然惟慕惡逆者、如此之人、將來死了之時、過世而去、入陰間之際、則沒苦禍可受、另投胎復生出世爲人乎。抑投胎而出世爲禽獸乎。誠非如是也。蓋人死後善惡已定、審斷、判明賞罰必加、恆守福音之道者、賞其得永遠安樂之福、惡逆不肯遵信福音之道、而任意行惡者、罰其永受常久之苦禍、並無半善半惡之人、亦無半賞半罰之理、蓋審斷明白、不是善卽是惡、惟善惡有大小、而賞罰有輕重也、且人生時之行作、雖然只任自己之糊塗、而於來生、神天令救世主審斷人之時、必不苟且而判之、獨照人善惡之行爲、審判而已矣。

若翰福音篇三章十六節

論神父愛世人特賜聖子降世

救世主曰、蓋神愛世、致賜己獨子降世、使凡信之者、不致沈
、忘乃得永常生也。

此若翰引救世主之言云、世界上萬國之人、皆是神天造生而
保養的、本來稟受神天賦以仁義禮智信之靈心、但皆因有本
來之惡性、而惡意由斯而生、第因自少至壯、日夕出入、又看着
父母之行藏、或看外人之舉動、聽聲觀色、以致被外物誘惑、習
染成性、惡意日增、而仁義禮智之靈漸滅、若長大壯立之時、不

加省察善惡是非者、則惡意愈勝、而仁義禮智之靈亦泯滅矣。以致善惡不能分、甚致作惡反爲美、而善事反爲辱矣。是以父傳惡樣與子、而子亦傳惡樣與孫、代代相傳、世世相習、故至今滿世界之人、善者甚少、而爲惡不已者、恆河沙之無數、殊此世上之人、如此惡逆、本該受滅之、而神天不忍就滅盡、乃仁愛憐恤世上之人、致賜其子降生世上、卑屈爲人、將救世福音之道宜講教訓世上之人、開導善義之路、復歸於正道之上、又知有個寶貝靈魂之生命、常生不滅之義、眞道宣明、授徒傳世、又情恩替代世人受了天父該落世人之怒百般至艱難之苦、釘死在十字架之上、而贖世人之罪、救世人出罪惡之中、以致世上之人、凡各知自己之罪、若能悔改其惡、信從救世主代贖罪之功勞者、准以得諸罪之赦、不致沈忘於地獄之永苦、永禍乃得永常生之安樂於世世焉、神天上帝以救世主耶穌代贖罪、救世人之恩、恤憐之至、仁愛之極、而今常生之路已通、安樂眞福之境、亦曉諭之、使你們世上之人、可知之而逃避地獄之永苦、乃存心修善積德、俾獲常生安樂之福、豈不美哉○若執迷不醒、

若翰篇一書一章九節

膠固於世俗之惡者自害己靈魂生命之甚矣

論人認罪神大上帝則公道赦免

聖若翰曰、吾儕謝罪、神則誠實公平以赦吾儕之罪、及淨我們去諸不義之處、

此若翰之言、云普世之人、大概論之、人人俱已獲罪於神天上帝、沒一人能說無罪、夫人雖有尊卑上下不等、惟論犯罪者、尊卑亦有犯之、但獲罪有輕重、而作惡、有大小不同耳。苟能可以知自己之罪、痛悔遷改、謝認求免、信從救世主耶穌之道、遵守

而行之者、神天上帝必因救世主耶穌代贖罪救世人之功勞、誠實公平而赦恕之、蓋神天上帝宰治賞罰之權、若論赦人之罪出命便能赦恕、且何以算為誠實公平而赦之乎。此論勢位而言之、則能白白而赦人之罪、若論公義之法、則不能廢公義而白赦人之罪、若不以公義之法而賞罰、則天地宇宙之內、若大之世界、何以能宰制之乎。故神天上帝定以救世主耶穌、曾替代世人受難受死、已贖世人之罪、使凡知罪悔改自新、而敬信救世主耶穌、為代贖罪之恩者、神天上帝因救世主耶穌之功德、纔肯誠實公義赦恕人之罪、准其改過自新、遵守救世福音之道而行、纔得靈魂生命之救、若人不知自罪、不肯悔改自新、不信救世主耶穌代贖罪之恩、則以何樣功德望求諸罪之赦乎。是以神天上帝、雖然施公義之恩、赦免人之罪、且人不肯謝認自罪者、亦不能得赦、乃係自暴自棄、陷害自己靈魂生命之甚矣。惟虛心自知有罪、而倚賴救世耶穌代贖罪之功德、而求諸罪之赦者、皆獲神天上帝之恩寵、而得赦恕之、更獲聖神風之恩、暗助除去諸般不義之事、而為善義之人、存心修德保

養靈魂之生命、仰獲來生、永遠安樂之所在、頌讚神天上帝之鴻恩於無窮無盡之世世焉、心願正是

論人謙心納受福道可能得靈魂之救

聖者米士曰、蓋人之怒、非行神之義、故此棄諸汚穢戲弄之事而以謙遜納接駁言、可能救爾靈魂者、

此者米士之言、云人生血氣之怒不可有、理義之怒不可無、但紛紜於俗務、此去彼來、日夕互相交往、豈無反目瞋怒、然怒不可遷、而增其怒也、蓋怒於甲者、不可怒於乙、夫若藏怒於心、則

志氣必不順、如志氣行不順、則胸中乖戾、齷齪悖逆、焉能恆存眞道之義哉、蓋眞道不能存、而惡逆必生、是豈能行神天之道義乎。是以欲恆守神天眞道之義、而行者、固當棄除諸般汚穢邪淫褻瀆之氣、戲謔巧弄奸猾之心、與夫一切虛言狂妄浮游之語、異端誕幻無根之談、盡然驅除掃滅之、務懷謙虛遜順潔淨之心、和緩涵養靈魂之志、則可以納接駁生救世眞道福音之言、拘之存養於心、守之謹、行於外、日累月積、行之不厭、樂之不倦、內外範圍固守之、則救世眞道福音之言恆常長根固結於心、根固而理傳、從此生枝放蕊、結實成功、只待穫收其果、而且道德、並進善義、日新滋養靈魂、自有至樂之美、則實守而勿失之、是謂能救靈魂之基、固結長生之業、苟能恆心遵守救世眞道福音之言、竭力而爲善義者、則靈魂必得救、而來生永遠之眞福、亦在其中矣、豈謂徒然不遵之者、而惟可望得靈魂之救哉。

論神千年如一日一日如千年

聖彼多羅曰、但愛輩、不爲不明此一件、卽一日在主乃如千

彼多羅篇二書三章八節

年又千年如一日

此彼多羅之言云最愛之兄弟乎你們最要留心於此事蓋我們在世界之上了期甚速一日之終有十二個時辰一年之盡亦有十二個月且一千年之內豈不是有一萬二千個月乎以人論之卽有許久之日期了然在神天看一千年之久就如一日之內又一日之終亦是略似千年之時候矣因神天乃係自永遠至於永遠之神常在天之上宰制督理世間上萬國各人日夕之善惡凡人行善行惡皆記錄之故彼多羅發此言欲人

務要及早存心敬信救世主代贖罪之恩、修善積德、倚賴救世
主之功勞、可得諸罪之赦、而望靈魂得救、切勿留心貪戀於世
俗之物、總不思想死後來生靈魂長遠之禍福、且人之生死不
定、於何時若死在未悔罪改惡之先、則有永禍之苦、死在知罪
悔改之後、則有永福可享、故預備之則爲美也。何以言之、蓋世
上之事、最久不出百年之外、而來生靈魂之禍福、乃無窮無盡
之世代、譬如盜賊行於深夜來偷竊、一般、因不知盜賊在何時
來偷竊、若不隄防預備、必被盜賊偷了各物、受其之害矣。倘留

心時刻關鎖門戶、堅固牆壁、盜賊雖來、亦無礙矣。人之生死、亦由是也。關防門戶、預備賊來偷竊、則不懼怯、悔罪改惡、敬信救世主、愛敬天父、積善修德、預備死之忽至、則無憂而有樂也。此段道理包在兩端、一是論人死之日、不知在於何時、故要積善、工行善事、而預備之、誠恐不及也。一論務天厚地萬物、亦有窮盡之日、但不知在於何時、世代因神天以千年如一日、而一日亦是千年、或長久而至、或瞬息而來、不能定其時候矣。蓋世界被滅之後、萬國之人必受審判、爲善者、其靈魂獲享永福、惟作

使徒行傳十七章廿四節

惡者其之靈魂必受永苦、是以賞罰雖然在於神天、亦由人自作善惡而定之、故人生時禍福不定、惟悔改可以預備之、而死後則定之、不能更移矣。

論神無所不在弗居於人手所建造之廟

聖保羅曰、神乃作天地萬物者、其為天地之主、弗居於人手所造之廟、

此保羅之言云。世界上之人、失了真道本源、世俗訛傳、做出無數之神佛、日夕奉事之、以為本該當的事、只為人心不古、秉彝

遂失父子相傳世情相習、彼此不肯追究來歷、只隨着衆人的規矩則爲安樂歡喜之極矣。間或有能分辨者、亦厭然而媚於世俗也。殊不知眞所謂神者、本來造化天地萬物、及世界上萬國之人、皆係眞神造生保養的、神爲天地人萬物之大主、無所不能、無所不知、無所不在、永遠管理世界之上、宰制萬國之人、不是居住於人手所造之廟、蓋眞經曰、天乃神之座位、地乃神之脚凳、且萬國萬物、皆由神天而出、其無所需何樣之物、而非以人手所造之物、則爲尊崇敬之者也。蓋世人之生命、一呼一 十一吸亦係神天所賦與之即日用萬物諸般亦是神天上帝所賜而供世人之用而萬國之人雖如海上沙之多地上塵之衆皆從一人之血脈而出而普地面之上裁截分定各人居住於何處又於何時而生何日而死皆係神天定命之而我世人亦要尋索神天則離之不遠而凡崇敬之者心靈尊愛之而神天即在也

論神所愛之人則以災禍警責之

聖保羅曰蓋神所愛者則責之又所接之子則鞭之汝若是

希比留篇十二章六七節

忍責故神待爾如子蓋何有父所不責之子乎

此保羅之言、云人生天地之間、宇宙之內、善惡之人、兩者不能並立故在世界之上、凡有敬信救世主耶穌福音之道、遵守神天聖誡而行者、屢受惡人之害、或被人欺侮、或被人毀謗、或被人冤屈、或被人陷害、誣告而受官刑拷打者、此諸般之事、免不得總有之、因爲獨遵神天之命、不能媚世從俗、是以招人毀謗、惹人怒恨也。但誠信福音之道、樂於善義者、凡遇諸般艱難時、不以此爲憂、惟恐不能守其正、惟凡事聽命於神天、若遇了艱難之時則忍耐順受而當之、乃思想自己日夕之行為、必有不合理之事、因神天愛我、致使苦楚難為我、責罰我、欲令我知罪、可速悔改、不致犯大惡之意、又欲我更加善義、而增修其德、若能忍苦難、凜遵神天之命、勤修善德、而神天亦待我等如兒子一般、蓋神天若擇之收為義子者、略有惡處、必以禍難而警責之、欲其知過而可改之、免至沈溺於惡路、而失靈魂之救、苦禍無了期也、且神天令善義之人受艱難苦楚之憂、正如人之父母、見其兒子不守本分、不聽教訓、不遵所命、故父母只嗥嚇而若爲之、如要不聽教訓則拷打而苦磨之是必要令兒子改變爲善而行正道、爲父母者、纔能心安意願、故神天令世間善義之人受苦難之意亦是如此、蓋欲戒其安逸自適、恐惡慾必遂生、故令其知過自改、謹慎於言行者、則後來纔能得安樂之納福、如遇艱苦之事、則發怨恨之心、而妄言亂作、不能忍耐之者、即半途而廢、是亦自害而已矣。所謂君子固窮小人窮斯濫矣。是故欲爲善義者、必要存心守之、雖刀斧加身、惟知神天之命是遵、不知艱難苦楚之害、如此者、誠爲神天所悅之人、而過來

可林多篇一書四章二十節

生其靈魂必永享無窮之樂也

論得天福非獨以善言乃要有善德

聖保羅曰蓋神國不在言而在德矣

此保羅之言云神天之國即是天堂聖潔安樂之所並無絲毫穢濁點染之污乃光如太陽明如月亮清如琉璃白如雪之花沒日夜之分常如白晝一般永遠光明矣夫如此清淨之堂必要有如此聖潔之人方能得居住之蓋神天乃係至德之至至聖之極若非至善之人豈能望得居之乎故凡欲居天上之聖

堂者、必要敬信救世主代贖罪之功、以其受難之寶血、聖潔我們罪身之汚、而我們在世界之上、日夕存心守善義之道而行、日積月累、久而行之不厭、樂善不倦、則有天爵之德、而至死亦不改、善者尤要倚賴救世主耶穌之功德、而天上之聖堂、可以能居住之、苟有信救世主耶穌之名、又能以真道敎訓於人、而無善義之德者、徒有虛名之稱、誠無善行之德、如此者、天堂之路、其雖得知、但可惜不能走於其途矣、夫豈能坐得天上之聖堂者哉。是以欲要居之者、必守仁愛之德、乃以守身行之、不獨以口言而已、須言行相符、存心積善、謹慎修德、自始至終、不間斷之者、則能達之於始、亦可至其至終、而於來生天堂之樂、亦將見之矣、但能講道德之言、而不能行之者、正如栽種遍地荆棘、凝凝然而望收嘉禾、豈不謬哉、亦終必忘而已矣。

論人肉身死了、於世盡、仍復生活

聖保羅曰、若死不復活、有何益、吾輩且飲且食、明日將死矣、汝勿受蠱惑、蓋惡談壞善習、

此保羅說道、復活之理、最難詳釋其義、且人亦甚難明其意、因

這道理之旨與妙之至、精微之極、然雖眞理藴奧、亦由人心虛衷悅之與不悅之耳、夫復活之義、非人思意推論之理、誠由神天令救世主耶穌降世、宣諭而得知、且救世主耶穌在世上之時、曾令死者能得復生、卽救世主耶穌亦死了、三晝夜、埋在地穴、然後復生活而昇天堂之上、故這復活之道、不獨有理可推、而且有憑據可印證之、蓋這復活之意、言人肉身雖死、而世盡時、必復生、與靈再合、以致可享受賞罰之報、如菽粟種子一般、死於坭濘之內、而復生活於地面之上、以致各隨其種之好歹、而結其質之美惡也、人之靈身復活亦然、善者得賞美福、惡者受罰永禍、而善惡賞罰之報、亦不是爽言之而已○假如人死即沒、則那些戒謹恐懼、臨深淵履薄氷、守身慎獨之君子、作此情態有何益乎○且有飲即放肆、而飲有食乃任意而食、蓋今日生在世、間而明日即死、而沒復有何憂乎○如此之惡談、最容易蠱惑人心、壞人之善念者、誠陷害善心之人矣○凡為人者、務以守身、自持、凡動止語默、常若神天鑒臨、念茲在茲、無一念敢忽、則此心必不忘於善義之道、而德亦日日新矣○如此至來生復活

馬竇篇廿四章三十五節

之時、必不失永福之實、安樂之極矣、苟或昏昧、蔽惑、不知善德之所宜、自陷其身於不善、則禍自作、罪必自受、豈得而逃脫之乎、迨至來生復活之日、則永禍自作之苦、自當甘受無辭、而善惡賞罰之報、亦必不爽言之矣、

論救世真經福道之言、必應驗不廢

救世主曰、天地可廢、惟我之言不可廢矣。

此救世主教授其門徒、說道你們看這世界之上、何等廣大精微、豐厚、且萬物如此之多、飛禽走獸如此之盛、鱗介草木如此

繁殖而生、並普天下萬國之人、如此之衆、萬物各適其用、各國有各國之繁華、各人有各人之才美、而各國之人、亦日夕紛紛貿易不斷、日則不足、夜以繼之、男婚女嫁、鬧熱喧譁、爭強奪勝、說之不盡之事、寫之無窮無盡之美、夫世界雖然如此繁華之極美、尚有終窮廢盡之日、惟我教你們眞理之言、句句誠實、字字奧妙隱藏不測、雖千百萬代之世界、一字一句、必得應驗、終不能廢之、不應驗矣。惟你們切要留心記念之、倘若不留心而或失之、則必受邪道蠱惑、而你們之禍、亦無了日矣。蓋將來必有僞教之師而以邪言異端誘惑世上之人、而世上之人、亦必被迷惑欣悅而從之、惟你們謹愼守我之言、終始如一而不改變之者、必得靈魂之救、我且確實說與你們知之、現在之世界不過待等我已所言諸情將來俱得應驗而成之後、這世界上之人必有大艱難之極、從世界初創之始、至如今之世界不能可比之苦、又將來之世界亦不能比之之憂也、蓋該日該時之災難、無人知之、天上各神使侍奉於神天之前者、亦不能知、獨神天知之而已。故凡誠信救世主耶穌者、恆心忍耐遵從救世

弟摩氏篇一書四章四節

主遺傳之言而行之、必不失靈魂之救、更兼得安樂之心、而無憂慮之患、蓋你們豈可忽略乎哉。

論禽獸各樣食物皆可食之不宜分別

聖保羅曰、蓋神凡所造之物、悉善也、且凡人以頌謝而受用之、弗可棄也。

此保羅說道、天壤之間、普地之上、生物之豐富、皆係備爲世人日夕所用、且走獸鱗介黿鼈諸種異味之物、悉供世人所用、而世上乃有等愚昧之人、將各樣禽獸鱗介之內分別有些說隨人之意、可以食之、而有些戒人不可食之、若食之則說有罪、或說若食此物之肉者、死後轉世托生、必變爲禽獸之樣、出世爲禽獸矣。夫世界之上、所有飛潛動植之物、悉係神天造生而長養之、均屬善物、不論飛禽走獸鱗介黿鼈、皆任人而食之、但人若受用獲而享之者、乃要知神天盛賜與人享用之大恩、可感謝而受用之、讚頌神天之大恩、則享之無盡矣。切不可揀擇而棄之、耗變神天之物、辜負神天之恩、正是有罪之人、是以不可棄之、乃頌謝而受用之可也。惟不可以神天所賜之恩惠、乃向那些泥塑木雕神佛之像、無知無識之蠢物、而感謝之、卻是欺神天之極、其罪甚大、生前若不罰其罪、死後亦必究之、決不姑恕之矣。又人凡得之好物、莫說是自己之才能而得之、又勿說是己之工夫而作之、蓋人之兩眼、雖然精明、能視各物、若神天不出太陽及星宿、掛在天空之下、必黑暗無光、兩眼雖然精明、能視各物、亦無地可施、此正是滅人驕傲之心、而知人雖有才能超衆、技藝奇巧、若無太陽之光、亦無所施、自己毫無能幹、故凡得之好物、皆係神天所賜、本當感謝而受用之、致不辜負神

馬太傳六章三十一三十二節

天之大恩也而爲人者、豈敢不尊敬之歟。

論人勿獨望衣食乃敬信天父作善義爲先

救世主曰、故你們勿望慮云、我將何可食、將何可飲、將以何得穿、此諸物爲各國不信眞理者所尋、惟神父在天者、識你們需此諸物也。

此救世主教訓衆門弟子說道、你們在世上之時、不須千思萬慮、謀算各樣飲食之事、各樣衣着之物、蓋世上之人、不肯敬信眞道、是以紛紛獨慕衣食之事、且今日有了衣食、又算明日、而明日有了、又算明年、而明年有了、又算後來之年月、自己一生之年月、固然日夕思忖、又要謀算兒子之衣食、謀了兒子衣食、又兼又要思慮孫子之衣食、月月年年、朝夕時刻、都係如此打算、如此謀慮這三件事、有了這三件事之外、乃謀長久長遠之世代、有一日算一日、有一年謀一年、把世界之事、算得許長久一般、此無他、只因世上之人、不識眞道之理、不知本末之義、故此以末爲本、以本爲末、殊不知人之生命最長久、不出百年之外、以數十年之世界、認爲長久、把至寶貝靈魂永遠之生命、付之罔聞、豈不是以末爲本、而把本爲末乎。但你們識本末者、切要留心追究其本末精妙之義、愼思之、篤行之、務求言行相合、動止語默、不出乎眞義之道、至於日用飲食衣服等類、你們雖不尋之、而神父在天者、知你們必須要此諸物、所用必賜與你們、不致缺少之、惟你們不可因之而缺義善之德、乃有生命一日、亦要遵守聖誡而行之、勿缺少、勿歇息、勿勤始而怠終、雖至死亦不可缺善義之德、惟圖永遠安樂之國也。

論眞道福音宣到該處衆人應該敬信求福免禍

羅馬篇第十章十二十四節

聖保羅曰、蓋凡呼求厥名者、必得救也。且衆未信之、何以呼求之乎。又未聞之、何以信之乎。且未宣教者、何以聞乎。

此保羅說道救世福音之言、乃由神天賜救世主耶穌降世傳授教誨世上之人、然而凡誠心敬信之者、必得寶貝靈魂之救、夫如是凡欲求寶貝靈魂得救者、若得知救世福音眞道之時、卽傾心敬信之、立改從前之非、遵着救世眞道而行、倚賴救世主耶穌代贖罪之功、呼求救世主耶穌之名、必得諸罪之赦、而寶貝之靈魂、纔能可望得救、若雖聽福音救世之道、明知其義、

乃不肯棄除自己舊日之惡端、偏要貼從風俗之規矩、跟隨衆
人之私意而行、如此即是越積惡意陷害自己寶貝靈魂之至
矣、蓋不知不聞救世福音眞道之時、固不能信之罪有可容且
已聽之而明知之後、又不肯信之者、罪則加倍矣。夫救世福音
眞道、必定播散傳揚在於普天下萬國之中、然所到之處、不論
富貴貧窮之人、凡得知之者、信與不信、在於人之心、但肯悔罪
敬信之、呼求救世主耶穌之名者、必得寶貝靈魂之救、不知自
罪而咈逆之者、其寶貝之靈魂亦弗能得救也。此救世福音眞

道、由神天命救世主傳諭世界上之人、是以世界上萬國之人、凡得知之者、皆當敬信稟遵而行之、如逆之者、罪不姑寬、正如皇上降下聖諭、一般頒行於天下各省之內、人人俱要遵守而行、若有犯之者、必懲治其罪、夫皇上之聖諭傳與各省之人、尚要遵守、罔不敢犯之、而神天上帝乃係萬國之主、各皇之皇、降下福音聖諭、令世人敬信遵守而行之、乃不肯遵信之、尤反違逆之者、豈無罪乎、故我們世人敬信之者、則爲福、咈逆之者、自召禍矣、蓋有等人偏執不肯敬信之者、雖然生前或者不罰其

帖撒羅尼亞前書第二章四節

罪、但至死後、其之苦禍、豈能得逃脫哉

論宣講福音不圖人喜悅惟恭敬奉命播傳之

聖保羅曰、吾乃依神准吾傳以受福音之託、吾欲此而講、非求悅於人、乃於神、試吾心者。

此保羅說道、我們宣傳救世福音之道、非是照人之意而傳之、乃遵依神天之奧旨、准令我們宣講之、則敢播傳之矣。夫救世福音之義、亦非以人思意推論之詞、乃受救世主託付我明其義、是以我寅夜欽崇恭敬而宣講之、以致凡所至之地方、不論君民人等、富貴貧賤之人、皆照本文之義而傳諭之、不是宣講上等人之時、誠恐照本文之意有觸犯上等人之心、遂把其義更改之順着上等人之意、又教中等人之時、亦恐本文之意有犯風俗之規矩、遂分別而宣諭之、又教下等人之時、又非以順利順人情之言語、招人耳目、悅人之意、誘人信從、蓋我們宣傳福音之道、不分甚麽人等、只是遵着神天之旨意、依眞經之義而講之、不求人悅意與不悅意、亦未敢以阿諛之語要人歡喜、惟遵於神天之旨、曾試過我之心而知我之意願者、至於信與不信乃在乎人之心願不過盡我本分之事應該宣傳教人而已矣且我為何受了許多艱難苦楚尚要終日不息而到處傳講之者誠因甚願衆人皆得寶貝靈魂之救免致死後要受永遠之苦感發我們愛他人如自己之德而已

聖經羅馬篇十二章全旨

世界之上各處衆人乎因為神仁愛之恩余則懇求爾等以爾等之身靈奉獻於神為活之為聖之為神所悅之犧爾等以理所當然承役事之且勿師此世之模乃以爾等新意自修以智

識認神之何好何悅何全之旨矣余乃照所受之恩勸爾衆人在世間者勿想自高於不當乃以自之智以廉節隨神分各人篤信之量焉卽如吾輩於一身具備多肢而各肢弗同一用吾衆亦然共成一身在于基督而各互相爲肢且吾輩隨所受之恩錫而得異賜或得先知者以誠信之例而預言或得役事神之職者卽供役或得敎訓者卽敎訓勸人者卽勸用錢財而賙濟人者以淳厚樸實之心而濟長管神之聖事者以憂慮爲心哀矜者以歡愛人應該毋詐僞之心恨惡從善以弟兄之愛相

疼、以禮貌相待爲先、辦事無怠、以熱心尊事
上、主以望靈魂得救爲喜、以忍耐當遇患難之時、恆務祈禱求
神垂憐、通共諸聖善人欠缺之需、專務舍旅之客、祝伊捕害爾
等者、並祝咒詛爾者、與喜輩同喜、與泣輩同泣、偕同一見、弗味
高傲之意、乃以謙卑之心爲足、勿以自爲智、毋以惡還惡、積善
於衆人之前、與衆人若可相和、即盡汝分、相和世上衆人乎。勿
自報仇、乃寬處於怒、蓋聖經云、神爺火華曰、報仇乃屬神、凡害
人者、神必報之、且爾之仇若饑、爾施之食、若渴、爾施之飲、如是

行爾似將滾湯而潑雪爾等勿被惡慾克勝於惡乃以善義克勝惡矣

第十三章全旨

各有靈志者皆宜敬伏上權蓋權無非由神且所有權者皆神命之是以抗權者抗神之例且伊抗者自取罪罰蓋諸宗不令懼於善行乃於惡爾等欲弗懼權即行善而獲其褒蓋其爲神之吏以助爾等爲善然若爾行惡宜懼蓋其執刀非虛其乃神之吏以討罰行惡者是以爾等必屬伏不惟以免罰且以安心

因此爾等亦納糧蓋伊等爲神之吏常供是役也爾等則與各人所該宜還該糧卽還糧該稅卽還稅該懼卽懼該敬卽敬勿遺欠該負他人之債惟以相愛蓋相愛者已成律因諸誡勿奸勿殺勿偷勿妄證皆括於此卽爾等愛隣人如己之言隣人之愛不行歹所以律之全成卽在於愛且此因知吾儕眠醒起之時已至蓋吾等之救如今比初信之際已越近夜已退日將到矣則宜除夜行而着光甲我等宜貞行如對晈日弗於饕及醉弗於室及邪勿於爭及妒乃汝等當衣着救主基督之福道而

行不要具備爲肉身之邪惡、致行其諸般邪慾矣。

論天火燒滅兩城淫慾男色女色之人

昔在上古之世、西域地方有兩座城池、一座名喚所多馬、一座名喚我摩拉、此兩城之人、上不敬畏神天上帝、下不遵聖人之言、又不聽善人勸教、無法無天、終日無所不爲、不拘所做之事業、邪正與否、都不計論、惟利是圖、往來交接、姦淫邪盜、盡欲而爲、口不道忠信之言、心不懷一毫善念、羣居則此論男色女色之淫樂、獨處則作春意淫情、任意任慾、日夜不分、正是口不敢言字不敢書總總惡端不敢細述比之禽獸尤不相肖也此兩城之中獨有一個善義之人姓羅名得敬畏神天上帝守眞道而行不敢胡爲妄作獨行其志不入惡類之羣是以受衆惡類之讒毀不已蓋斯義人住此惡城之間終日憂心悄悄尙且不免慍怨於羣小故此其身靈愁悼終日不安誠是磨憂厥義靈魂之至也雖然如此但神天上帝獨垂憐看顧之故此神天上帝己見這兩城之人惡逆己極不由不滅之是以定了旨意令天火燒滅這兩座城池連人並物寸土不留一些盡滅連地亦

燒變爲湖、獨令神使救出羅得夫妻父女四人、蓋神使救他四人出城之時、曾囑咐羅得切不可望轉背後、惟羅得之妻因不遵信神使之命、回頭望轉背後、即時變爲鹽柱、獨羅得父女三人遵神使之命、不敢望轉背後、獲神之恩救護出此惡城、不同惡類受敗、警戒後世代之人、日夕專心作惡者、即時天未必降災禍刑罰之、或遲早報之不定、但斷不肯赦恕惡人之罪、大概今世報應甚少、惟肉身死了之後、善惡之報、絲毫亦必賞罰其靈魂、是以凡爲善義之人、切勿以現在之禍福爲眞報應之兆、乃恆心忍耐候所望眞樂永福也。即如所多馬及我摩拉兩城衆惡逆之徒、滿城上下之人、終日任意任慾、作惡不休、上行下效、互相爲惡。迨至罪惡滿盈之日、致受天火燒滅、其肉身燒敗之後、靈魂還要永受地獄之苦、故凡專心爲惡逆者、冀宜愼思之、切勿自謂天不能刑罰惡人之罪也。

聖經者米士篇

第五章全旨

爾等富貴的人、休息固恃之心、因上來之辛苦、爾將泣號哭矣。

爾等之財帛已壞了、爾等之衣服已被虫吃、爾金與銀子已生銹、且其之銹將為證攻爾、又將如火而食爾肉、爾因為末日而聚埋財帛、却工人割禾之工錢、爾所偏留在手不出者號呼、又伊割禾之呼已進神爺火華之耳、爾等在地以行淫樂過生、你們養心如於宰牛羊之日、一般爾等將義者定罪及殺之、且彼不攻擊你們、故此凡事神之衆人乎、宜用忍耐等待救主將到、你看農夫而為之常用忍至得早遲之雨、等待地結其寶貴、爾等亦為忍耐、堅爾心、蓋救主之臨將近、世上衆人乎、不要相讒、你看候者到門前、衆世人乎、將先知師以救主之名而講者、卽把伊受苦忍耐之心而效法之、夫伊恆忍者、我們算是享福、爾等聞若百之忍、且見過神爺火華之後、神爺火華卽甚爲恤及哀憐而行之、惟我們世上衆人乎、凡事之最要勿發誓、或以天或以地、或別誓皆無、乃你們講是卽是、否卽否、恐不然爾則坐罪、爾等中有受難者、其應祈禱求神、有快樂者、其應吟神詩、有染病者、其應請道德老輩來、爲代彼祈禱求神、時以救主之名而傅油之、且誠信祈禱求神、將救有病者、救主將使他起身、或向來有犯罪於汝者、即赦之、爾等相認過錯、相代祈禱求神、以致爾等得病之痊、義人專心熱祈禱求神、大有能、以來者比我們爲同情的人、其懇祈求神、欲不下雨、且三年六月之間無雨、下地、又其再祈求神、致天下雨、連地發其實、世上衆人乎。若是爾中有離眞道錯走者、應化之、以其知離左道而化有罪之人、乃救一靈魂不死、及遮衆罪矣。

勸世良言卷六

神爺火華四字、依聖經本文、即指造化天地萬物之大主

聖經以賽亞篇

第五十八章　爲善去惡獲報之速

神爺火華默示以賽亞曰、大叫也、勿惜之、如號筒自起爾聲然。且向我民宣知之、我民二字、即指世上萬國之人以伊之愆惡、又向牙可百之子孫宣知之、牙可百之子孫、即指齊眞聖經之國衆人也以伊之罪過也、伊日日尚且尋向我、我字、指神爺火華而樂以知我道、像行義之國、伊未離神爺火華之例、且常論公義之各例、而求問神爺火華、又伊樂然就近神爺火華也、伊且云、我等因何齋戒、而神爺火華未看之、我

等苦磨自心、而神爺火華未理之也○夫爾等於齋戒之日、尚取
己樂、並僱人所造之工、爾等嚴勒索之、且爾等爲欲相爭、相鬪
而齋、並爲欲以拳而打其貧人也、這等齋戒、不致使爾聲得聞
於上也○如此爲我所選之齋乎、豈要一人一日自苦着己心乎、
豈要他似葦而自俯首乎、豈以粗袋布同灰而當爲牀乎、斯如
何得稱個齋戒乎、或神爺火華所悅之日乎、神爺火華所選之
齋戒、乃此、即係釋去惡者之縛、解去其重壓人之負、以救被強
屈者、及割斷凡有之軛也○又以自之麵餅、分供給饑餓者、且其

流貧者、取之到自家、以爾所見之裸者、即時衣他、並勿自躲避於己之肉也、這樣齋戒、爾等之光、則如早辰而發然、又爾之傷將速、然得醫、且爾之義作、在於面前而行、神爺火華之榮、將於後面上來賜爾也。時爾將呼求、神爺火華將應答也、爾將喊呼神爺火華將云、我在此也。爾若從爾之中去其軛者、以手指去而指向其使害之言、又以自己之麵餅、取出供餓餓者、而其苦靈之人、使得心足、時爾之光、則將如暗中而發起來、又爾之黑者將成如日之午也。且神爺火華將常時而引導爾、並於最酷旱時、將滿足爾之心也又將再新爾等之力、則使爾等像善淋之園、並像湧流之泉、永不致絕水也且從爾等所生之人、將建其舊毀、並再起古時之基、且爾等將得稱云、破壞之堆、再重修者、行客所趨之道、復建原基之址也爾等若束自己之脚於安息之日、不去作自樂之事、於我聖日、乃以安息日、將稱之樂者、神爺火華之聖禮者、尊者、而則尊貴之、勿去行自志、爾等勿尋自之樂、勿講虛言也時爾等將於神爺火華自取樂、且神將使爾等駕於地之高所、又神以牙可百爾等祖宗之業、而養爾等、神爺火華之口言是矣。

聖經以弗所篇

第五章

聖保羅、曰汝等則當效法神、如至愛之子、且當行踐於愛、如救主愛吾輩、而爲吾等自負爲犧、自獻與神爲香味也。凡姦淫、邪污、慳吝、亦勿有其名於汝等之間、如宜聖輩焉。污言、狂語、戲謔、無宜者、並皆絕、乃更須謝矣。蓋汝等宜明達、凡好嫖、姦污、慳吝、即役僞神者、必不得嗣享基督、及神之國、汝等勿受何人虛言

之歎慈緣此蓋神昔降怒於無順之子輩汝等則勿共之且汝
等昔爲暗今乃爲光於主則行如光之子也聖神之實在諸善
諸義諸眞驗神志所喜者也且勿共黑暗之妄行乃更責之蓋
伊等暗然所行者言之亦爲可愧也且所責者皆所照著也蓋
凡照著爲光者也故曰汝眠者醒由死起出而救主將照光爾
矣且汝等觀如何謹行勿似癡輩乃似智而贖光陰因多有惡
日是故汝等不可爲癡乃達神之旨且勿醉於酒於是有過乃
滿被聖神相語以聖神歌詩而唱於汝等心中慕向救主又常

因爲吾救主耶穌基督之聖名、頌謝神父也。汝等以神之畏相服矣。婦輩當服其夫、如服救主也。蓋夫爲妻之首、如救主爲公會之首、其亦爲其身之救主也。卽如公會衆信服順救主、妻亦然、凡事當全順厥夫也。夫輩乎、汝等當愛爾妻、如救主已愛公會而爲之自付、以聖之、而因聖言而潔之、於水之洗、欲設之與己爲榮會、無染無縐無此類也、乃聖淨也。夫輩當一然愛其妻、視之如本身也。愛其妻者、如愛己也。無人恨己肉者、乃保養之、如救主待公會也。蓋吾輩爲厥體之肢、由厥肉由厥骨也。是故人將遺厥父母而從其妻、且二將爲一肉也。此爲大秘跡、惟余言於基督、且於公會也。然則汝等各當愛己妻、如己也、妻乃當畏己夫也。

熟學眞理略論

蓋人自神天上帝賦靈生化成形、脫出娘胎、離了乳哺、生長在此世界之間、在齠齡之際、志識未開、見聞未達、言行動作、嬉戲自若、且善惡未分、愆過尚未能決、迨至長養成人、壯事已盛、而知識乍開、聲色名利亦漸萌矣。夫聲色名利既已動萌於衷、乃知所往向苟不能固存靈性者則乖戾邪僻必由此而生加以日夕交遊三敎九流各等之人善惡相習良歹同羣若更不能堅持操哲之志存心守死善道者鮮有不陷溺於罪惡之中也然既習染穢俗之污身陷邪僻尤貴乎及早回頭恍然猛醒痛改前非方能亦可獲救獨恐懈怠自義優游自智不知悛尤怙終不悛誠難獲救地獄永苦虛一位等待之受罰也所以學善者今將其始初受陷溺罪惡之端及其醒悟痛改前非敬信救世主求救之意略陳數端奉告凡醒悟知罪欲求救者亦該即

敬信救世主、可獲靈魂之救以免生前受惡慾所刺、死後尤要受地獄永苦之刑罰也

學善者曰、昔我未曾蒙神天上帝、感化癡迷惡心之時、未識敬信救世主眞經聖道之日、雖然略識自己日夕言行動作、固知係有罪惡之人、惟不知怎麼樣求得諸罪之赦、不過初一十五兩日早晨之際、在當空地方、拈香敬拜過往衆神、欲求來往之神、施慈憐保佑順利吉祥、更兼念誦觀音經一遍、又多心經一遍、欲求觀音菩薩、與及佛爺恤憐護助、身體平安、又求多發寶

財之意蓋我拜這各神之事亦有年餘但我身雖如此敬拜各樣神佛而心亦常懷姦淫邪惡之念及欺騙假哄惡作之言滿胷惡慾總總不離於口不脫於心當時日日亦聽一位米先生宣講救世主代贖罪救世人的眞理聖道但我斯時身雖聽其講論眞理而我的心實不在此乃馳慕於外事去矣或者有時略看眞理聖書而亦總不能明其意就是用心去聽米先生講眞理之時而心內亦不明其理不識其義聽了之後反忽略之心中極甚惡恨不歡喜聽之乃與各朋友常時講論說道那裡

有這樣道理吽人不可去拜各神佛菩薩之像這樣算得甚麽道理必定是邪敎異端有誰肯信乎照如此道理說那些賣元寶蠟燭及賣金花紙錢做這各樣生意的人都不用賣了只怕那些神佛不久就要打死你這樣之人看你還講這樣道理呵斯時我因在他家內做工夫那先生日日定要吽齊家內衆人讀眞理聖經之書又講解之或講一點鐘或半點鐘講解畢衆人則站起身拜神日日是必要家內衆人去聽而我那時不得已亦要從順他之意後過年餘自雲南省來了一個釋家的和

尚住在廟中要求人捐題銀錢修造寺觀的那和尚亦到我家常時往來閒坐講論釋家修道的規矩我卽問那和尚入佛家道理的好處和尚就說道我們佛家道行最大若是有一人出了家入佛門服事佛莫說他一人的罪得赦就是他全家人的罪亦都獲免我卽問曰怎麼能得罪之赦呢和尚答曰我們日日朝夕所念的經書佛爺在西天之上看我們朝夕誠心念經佛爺則歡欣之至就喜悅赦免其人全家的罪倘若有人送些銀錢入寺院佈施那寺院裏的和尚替他念經書其人死了之

後來生、即轉世、定必投胎入富貴之家、不用落地獄受苦、斯時我見那和尚說念經可以獲得諸罪之赦、是以我心甚信而悅從之、欲入佛家之教、乃對和尚曰、現在我初一十五兩日早晨、必念多心經、觀音經一遍、這樣念法、不知好不好、和尚曰、甚善、斯是望空做佛事、最是好的、和尚遂送一本受生錢經與我、教我夜上靜坐之時念之、若念得一遍、可以欠小前生之債一些、若恆念得百千萬遍、則總不欠負前生之債、今生世上、無災無難、死後來生、必往西天享極樂之世界、我見那和尚說得如此之好即聽和尚之言將此受生錢經書一連念了十數夜忽一夜我靜坐暗想道且我自十餘歲至今二十八歲日夕想惡念講惡話做邪惡之事如今靜坐獨念經書不做一些善事不行善功就可以獲得諸罪惡之赦乎誠恐未必有這樣容易的事到此時心略動亦不念受生錢經不多與那和尚往來講佛家之道理乃日日歡喜愛聽米先生講耶穌代贖罪救世人的經典若有閒暇的時候就拿真經聖書來看看真經書內之意都係教人切不可做姦淫邪惡之事及欺騙謊言亦不可講之

更不可拜坭塑木雕紙畫、的像爲神、當時我略覺眞經聖書之意、乃暗想、道此眞經道理、諒必係有奥妙之旨、但我雖然不能識之、經中定有隱微之義、況且又講有位救世主、以神力能醫療各樣奇難疾病、此樣的書、豈不是眞經聖典乎、自斯時以來、日日我愛聽米先生講此眞經道理之書、甚歡喜敬拜神天上帝、每遇禮拜安息之日、不用做工夫之時、則愛看眞經聖書、若有不明白之處、卽去請米先生講解之、米先生亦甚喜歡講解、所以我就問救世主怎樣代贖人之罪、以何能救世人之義、米先生說道、救世主耶穌、本係神天上帝之聖子至尊至貴之純靈、因世上萬國之人、皆迷惑於各樣偶神之像、奉拜之爲神、不知崇敬原始造化天地人物之大主、卽是所稱神天上帝、大獲罪於天條公義之法、況且萬國之內上下人等、亦有萬樣之罪過、若照公義之法處治之、則全世界之人本該受罰、盡除滅之、但神天上帝、原造化全世界人物者、不忍盡敗全世界的人、乃施分外之恩慈憐之、特令聖子耶穌、離了天堂尊榮至貴之位、降臨地上、投入童女之腹、由神風至聖之德成胎出世爲人、耶穌長大壯年之時、先教人知獨有一位造化天地人萬物之主宰、該敬該拜的、至於那些人手所作之神像、皆不可奉拜之、又教人知肉身內有個寶貝靈魂、永遠生活不死的、且有今生來生賞罰之關係、後令人預知其來世間受萬般苦難而死、皆係替代世人受此刑罰、可贖世人獲罪於天之罪、所以凡今之人、敬信耶穌代贖罪之恩、而領受洗禮者、皆得諸罪之赦、可獲靈魂之救、有罪過不肯敬信之者、必落地獄受永遠之苦、我遂問米先生領受洗禮之意何解、米先生曰、洗禮者、以清水一些、灑於人頭上、或身上、內意是洗去人所有罪惡之污、可領聖神風感化其心、令其自領洗禮之後、愛善恨惡、改舊樣而爲新人之意、因爲世上之人、皆犯了罪過之污、沾染其身、而其靈魂亦被污濁、故以洗禮之水洗其身、拜求神天上帝賜神風洗滌其靈魂之穢也、我聽了米先生講完各道理畢、復再問曰、我如今固知係有罪惡之人、而我之罪惡焉能求得赦呢、米先生曰、你若誠心敬信耶穌、而領受洗禮者、則耶穌所受之苦難而死、如若代你受犯罪惡之刑罰一般、神天上帝看耶穌代贖罪之功勞、

亦肯赦你的罪過、算你爲
神天上帝之良民、到你死了之後、來生之際、以耶穌的功勞、如
你自己的功勞、則賜你永享天堂之福、於是我聽見米先生講
得如此之好、就與米先生揖別、而回小房裏靜坐、默想道、我是
有罪過之人、若不倚賴耶穌代贖罪之功勞、而我之罪過、怎能
求得神天上帝白白赦免乎、且信耶穌之道理、莫說算爲神天
上帝之良民、得享死後天堂之福、就是死後不用落地獄受永
苦、則儌倖之至矣、此時我心中定了主意、後禮拜安息之日、必

要信從耶穌之道理領受洗禮入眞經辯正聖理之門乃預先去問米先生肯施洗禮與我否米先生說道若你一心肯悔罪改惡信從耶穌救世主的道理而行以後不可去拜各樣神佛菩薩之像獨尊敬崇拜天地人萬物大主宰更要除了從前行過所有姦邪淫惡的事滅了假哄欺騙的謊言則後禮拜安息聖日可來領受洗禮若不能如此不可來受洗禮余曰先生所敎我一概遵從於是後禮拜安息聖日午時我去求米先生施洗禮與我米先生復再問我各樣惡事肯悔改否然後纔肯與

我讀眞經聖書數節、講解我聽、又與我同共跪下、祈求神天上
帝施恩垂憐、乃用手取清水一些、灑於我頭上、領受洗禮拜謝
神天上帝、畢我卽問米先生曰、此如信於耶穌之人、有何記號、
米先生曰、專心行善、就是信耶穌者的記號了、此時我謝別了
米先生、卽同小房獨坐暗喜、以爲獲得神天上帝赦免大罪過
了、遂另自取一名、曰學善者、言從今以後、專心改惡學善、不敢
作惡事之意、且我初信耶穌救主之道、領受洗禮之後、各樣惡
事不能一總盡除去、免亦有犯之、那時又怕朋友知覺、戲笑、故

此存心謹愼在於言行各事、乃漸漸慕習眞經聖理、學聖善恒
懇祈求神天上帝施賜聖神風、驅除一切惡念出心、常懷善意
在內、故後來不知不覺、心內惡念漸小、惡言惡行亦漸除、乃略
愛作善事、或者有時欲想做些惡事、而在我心內好像有一人
責備一般、後來我不但不敢做何惡事、連想惡念也不敢了、現
今我不獨自已不敢去拜各樣神佛菩薩的像、就是看見別人
去拜這些神佛菩薩之像、而我心內亦憫他們的愚笨、心內極
甚憐惜之、欲以眞經聖理勸教他們、改此愚笨之心、而獨尊敬

崇拜造化天地人萬物之大主爲神、丢棄各樣神佛菩薩之像、不可拜之、切不可悖逆神天上帝保佑養育之大恩、故我就將眞經聖書內數節之意、詳釋略解、輯成小書一本、此書之意、乃勸人不要拜各樣神佛之像、獨要敬拜原造化天地人萬物之大主爲神、又勸人知耶穌救世主自天降地、代世人受了天之義怒刑罰而死、已經贖了世人之罪、致使凡悔罪改惡信從之者領受洗禮、皆得諸罪之赦、其靈魂亦可獲救、乃不肯信之者、其靈魂則受永遠之苦、我遂寫成此書、尤恐不合本文之旨、故

此送與　馬老先生參訂改正、然後刊刻此小書、名曰救世錄撮要略解、刻成之後、印好小書二百本、欲分送與人、忽一日被人誣告、却遭官差衙役捕捉、連小書二百本、及刻字木板一並拿到官府面前審訊、不由我分說、只罵我做耶穌之書、信耶穌的道理、就是犯法、審訊之後、卽時押我入差房拘禁、然我在差房之時、默想道、耶穌救世眞理之書、都是勸人去惡爲善的好書、爲甚麽我因做此小書而被捕害呢、諒必是我自己的罪惡所招、神父令此刑罰責備我、欲我速悔改之、免受更重之刑罰、故我心內痛切改悔、暗求神父施恩垂憐赦我之重罪、後過兩日、馬老先生聞得我受捕苦、乃多般設法、請人去求那官府講情釋放、那時這官府亦准人講情、卽坐公堂、令衙役打了三十大板子、然後釋放、打得我兩腿流血、痛苦難堪、又被官差衙役勒索我銀子七十餘員、且我受捕苦破費銀錢之後、並不敢因捕苦而背負救主代贖救之大恩、乃說自己因犯罪而受神父該責罰、故我後來更小心守神父之誡命而行、不敢私懷惡意在心、時刻謹愼、尤不敢過於歡喜亂作妄爲、是以我看破世情、

不願爲此世態奔勞、甚欲學習眞經聖理、謹身修德、或能可以
勸敎世上之人、故我後來亦將眞經奧義、勸敎妻子遵信、然感
蒙神父垂憐之大恩、變化我妻子之心、令他亦聽我所勸、甘願
信從救主之道、倚賴其代贖罪之功、求獲諸罪之赦、仰望得靈
魂之救、因此我妻子定意悔改罪愆、誠心領受洗禮、故我暫行
權變之事、懇求神父、神子、賦賜聖神風助我施洗禮與妻子、欲
其領受聖神風之德、感化其心、令其改變昔日之行爲、盡力作
新事、而爲端正之人、自此至今、我夫妻二人同心合意、尊敬天

地人萬物之大主、獨崇拜奉之、不敢跟隨衆人拜各樣神佛菩薩之像、恆守救主之道命而行也、後來妻子與我商量、要帶兒子到馬老先生尊處、求其有道德之人施賜洗禮與我兒子、欲他自幼信從救主眞經辯正聖理之門、望向神父施恩恤憐賜我兒子獲得天來的純智、到了長大之時、有智識才能獨知敬拜天地人萬物之大主爲神、不跟隨世間人之惡俗、拜些人手所作之蠢物、又欲兒子自幼學習眞經聖理之書、熟諳經書與義、將來長大之時、可以修身修德、或者又能勸敎各處之人馬老先生因見我夫妻兒子皆敬信救主之道、乃以我爲誠實之人、願學眞經聖理、欲我學習明白眞道之義而爲牧者之職、後來按手於我命我將眞道略勸各處之人、自此至今數年有餘、幸蒙

神天上帝施賜恩憐、已經賦聖神風感化數人之心、丟棄壊偶轉向歸永活神父之道也、故我更求

神父與救主、加增我的智識、賜神風令我洞明眞經奧義、使我有剛毅勇敢之志、恆心宣傳眞道往各處之人、玉成本分之職、

則盡我心之願意之誠矣斯是學善者自始至今全心之事而已矣

闢毀謗

從來遭毀謗者多在正道之人語云道高一尺魔高一丈今神天上帝之眞道係無可限量之高何怪乎不可限量之謗時起時發只看救世主耶穌在世三十三年莫非遭謗之日自初生以至被釘而死不毀其異端卽謗其謀叛迨後使徒傳教萬方承先啓後迄今一千八百餘年致命者甚多悉從毀謗而來我

等旣敬信眞經正道、願爲救世主之弟子、只知行吾之所是、誰毀誰譽、聽之而已、當孔子時、門弟曾參、忽有殺人之說、其母明知必無之事、及連告三番、母亦投杼而起、今聽讒者、不同子母、造謗者不止三番、少有不投杼而起者、然秦火尚不能燬三代之書、黨錮且不能滅名臣之跡、豈有救世主降世、親傳眞經聖道、反懼人毀謗耶、現在我等敬信眞經聖道之人、捐金刊布之書、不啻數十種、其大旨總勸人勿貪世上之福、克己安貧、以求死後永享天堂之眞福、若人人敬信眞經聖道、不獨久安長治、且使世界之上、那奸盜詐僞之徒、必交相勸勉、改悔前非、正所謂道之以德、齊之以禮也。彰明昭著之極、何踪跡之可疑、奉信眞經聖道之人、從未有不孝敬祖宗父母者、設有其人、卽犯神天上帝聖敎誡規、同人必共責之、所以素來不孝者、多因奉信眞經聖道、而改其舊惡、若說不燒元寶紙錢、便爲不孝、家禮不作佛事、先引人不孝矣、似此求全之毀、何足重輕、惟看晦復明、自然通以去塞、今之毀謗奉信眞經聖道之人者、安知他後日不悔悟、崇信眞經聖道、而爲大善大義之人乎。

聖經使徒行篇

第二十二章

聖保羅曰、昔日我亦不肯遵信救世主福音之道、後來幸蒙救世主聖神之恩感化了惡心、致知救世主福音聖道奧妙之義、又蒙恩特派爲使徒之職、將福音聖道往各國宣傳教人、故被其本國惡逆之人陷害捕捉、此章聖經之意、保羅略訴其蒙感化之原由也。保羅初之姓名曰掃羅、受感化之後、改姓名曰保羅○ 夫保羅被捕捉受審問之時、以希百耳之聲音語衆曰、諸父諸弟兄諸人請聽余欲告訴爾等之情由衆既聽之講希百耳之聲音愈嘿靜保羅又曰我固然是如大人生於西利些之大耳數邑長養於斯城在厄馬利以足下學習祖敎之眞素勤向神如爾衆今日之勤焉斯福道我昔捕捉至死之害拘男女付於監囚其諸事敎首與諸年老者爲我能證我已受其文書囑大馬士古諸弟兄欲捉從信斯敎門之徒解往耶路撒冷受罰會衆至午時將近大馬士古忽然巨光圍住我致落地而聽聞聲音謂我曰掃羅掃羅爲何捕害我余卽曰主爾爲誰聞聲

音語我曰、我我是爾捕害拿撒勒之耶穌、同我各伴固見光、而不聽與我講者之聲、我卽曰、救主、要我將何爲、救主乃命我曰、爾起往入大馬士古、在彼有講與爾該行之諸情、余因被光映目、起行、則不見、同伴輩攜我手引入大馬士古、在彼有一人名亞拿尼亞、且如大同居輩皆證其處守敎法者、其來顧我、傍立語我曰、弟兄掃羅、余默領救主恩命、令爾復見矣。我卽起目見之、亞拿尼亞曰、我列祖之神、預簡爾識神之旨、見救贖之義者、聽救主親口之聲、爾將爲救主之證於衆、以爾所見所聽之情、且今何緩乎、宜起領洗、呼求救主之名、滌潔爾罪矣。我後回耶路撒冷、聖會在殿祈禱、於奇像中見救主命我、曰爾速趲出耶路撒冷、蓋伊等將不受爾證我之福道、我乃曰、救主、伊等皆知我素囚禁信從爾福道者、已於各會堂鞭之、即證爾福道之士氏法拿被流血之時、我亦在通謀其事、而守殺輩之衣、救主乃語我、曰、爾往、我將遠遣爾去異民矣。衆聽之講到此言時、即齊舉聲曰、衆斯由地、不可容之活、衆亂呼喊、丟衣、大鬧、致塵起於空中之間、將總且命之引入營、鞭敲、欲知衆何故如此喊怨之既以皮帶縲之、保羅謂近之百總曰、爾輩可以羅馬籍之人、未結案者鞭之乎。百總聞此即詣將禀之曰、爾愼何爲此人乃羅馬籍之輩、將總即來問之曰、爾實告我、爾爲羅馬籍之輩乎。保羅曰是。將總曰、我已費許多銀買此籍、保羅曰、我乃生於斯籍而得之矣。連將總既知其爲羅馬之籍、因縲之、亦懼、即將拷之之輩退之、次日欲細知何緣被如大所告、遂想釋之、會集諸祭者與衆議會、乃送出保羅於伊等之中決斷也。

聖經弟摩氏篇

第二章

聖保羅曰、余最先請行、懇求、祝禱、謝恩、爲衆人、爲列王、爲羣在高位者、使吾安靜平和過生、於諸虔貞、蓋斯爲善、爲好、悅於吾救神之前、神願衆人皆得救、皆歸於眞之認、蓋神惟一、神與人之中保者亦惟一、人卽基督耶穌也。其自付爲衆之贖、而至當時爲示證、余特蒙恩設爲使徒、爲廣宣、爲異民之師、余則願人到所禱之處、舉潔手、無怒、無爭、余言眞無謊也。婦人亦然、粧衣以羞、以節自飾、非以脂色雲髻、非帶金珠、非穿錦衣、乃宜如表著虔謹之婦、以善工焉。婦默學於全服順、余不許婦人主管訓誨其夫、乃宜含嘿。蓋亞丹先受造、亞丹即係始初受造之男人、而後依活、依活即係始初受造之女人、又亞丹弗被蛇魔哄惑、乃婦人受蛇魔哄惑、且婦以生子之產、將得救、乃若止於信、於愛、於聖工、於廉節也。

第三章

聖保羅曰、忠信之言、人若願做監臨之任者、其願善業也。且監臨之人、當無責處、爲一妻之夫、爲哲智、識爲廉節、敬潔淨、好賓旅、能教訓、非好酒、非好擊、非貪污錢、乃端正、非好爭鬬、非吝、乃善理己家務、得諸子順服、全節眞、若有不知管本家、如何將孜務神之聖會乎。非選新信者、恐自起驕傲、隨於魔鬼氏亞波羅之審也。又其當得善證於在外輩、以免落於恥辱於魔鬼之套矣。役濟輩亦然、爲貞節、非兩舌、非好多酒、非貪鄙利、乃具信德之秘奧、於淨之自證、且此輩先當試之、而後供役濟職、不可有犯端、婦亦然、宜貞節、弗讒、乃誠忠於諸事也。役濟輩當爲一妻之夫、善訓兒女、善理家務、且善供役濟之職、其將得善級而能多毅向於基督耶穌之信德、余望速臨爾、姑寫此、或若遲、欲爾知當如何調理神之公會卽活神之聖所眞理柱礎確址也且明明畏神之秘義乃大神昭著於肉身之人證爲義於聖神被顯於羣神使宣揚於異民信納於世舉挈於顯光者也

聖經若翰現示篇

第二十二章

聖若翰曰且其示我看生命水之淨河明如水晶從神與救主之座而出於其街之中於河之兩傍有生命之樹結十二樣之菓每月而結之又樹之葉爲醫諸國而用也尚且無咒災乃神

與救主之座在其內、厥諸僕必服事之、伊等將見厥面、而厥名必在伊等之額上、在彼無夜、不需燈燭連日之光、蓋神施賜伊等以光、而伊等將王於世世焉。其語我曰、此言乃誠乃眞也、且聖先知輩之神、遣厥使以示厥僕輩就得成之諸事也、夫我速來、守此書預說之言者有福矣。我若翰見是情、並聞之、我聞而見之時、卽俯伏示我是情之足下、欲崇拜之時、其語我曰、爾愼勿行如是、我乃爾同僕、又屬爾弟兄們之先知輩、與伊等守此之言者、爾崇拜神也。且其語我曰、勿印封此書預說之言、蓋當時將近、故不公道者、任他仍爲不公道、汚穢者、任他仍爲汚穢、義者、任他仍爲義、聖者、任他仍爲聖也。夫我速來、並我報應同帶我、以給各人依其如何行爲而賞罰之。我乃啞唎呿、及啊味呃、卽本末者、始終者也。福矣伊等守厥誡者、致伊應該取生命之樹、並可從門而進聖邑也。蓋在外乃狗輩、乃邪術輩、乃宿娼輩、乃兇手輩、乃拜神像輩、乃凡所愛而作謊也。我耶穌遣我使以證示汝等各會中以是情。我乃由大五得之根之嗣後也、我乃光曉之星也。神風與神子乃云、來也、凡聞者宜云、來也。任他渴者來、又凡所肯卽任他取生命之水也蓋我證與凡人聽此書之預言者、若何人加增與是情、神則加之以錄此書之各災、又若何人將刪去以此書之預言、神則將取去厥分出生命之書、又出聖邑、並出錄此書之情也。證是情者曰、唖們、如然而來救主耶穌矣。我等救主耶穌基理師督之恩、寵偕爾衆焉、唖們。

勸世良言卷七

1860, Sept. 18.
Gift of Rev.
Andrew P. Peabody,
of Cambridge,
Class of 1826.

聖經使徒行篇第十四章二十二節

論信救世主福音眞經聖道亦受許多艱難乃入神之國

保羅堅固衆信輩之心曰汝等恆勸保守信德傳知我等必要受多苦難而入神之國○保羅二字係指人的姓名衆信輩三字指宇宙內凡敬信救世主福音眞經聖道之人也汝等者亦指信福音眞經聖道者也恆者常也勸者敎勸之也保守者約守而存之也信德者遵敬所信福音眞道奧妙之義日日加增善德恆進眞經聖道之學也我等二字保羅自謂彼此敬信福音眞經聖道之人必受許多辛苦之事也神之國者指天堂永

樂之福也、此保羅身任使徒之職、以福音眞經聖道播傳往各國、常有人敬信之、但不信者多、而敬信之者甚少也。更有一種如氏亞國悖逆之人、本來福音眞經聖道之源、由此國而出、蓋因其國固積惡意、拘泥舊例、戒規自高自義、不肯虛心查究聖經隱秘之義、專意任欲、抗拒固執不從、然其不肯從之、却也罷了、但其又不悅別國人信之、故若有人從保羅、敬信福音眞經聖道者、其則嫉妒不已、即去唆聳那些頑逆不信之人、謀害保羅、或凌辱之、或以石擊打之、或捕害之、或欲打死之、蓋保羅雖然常被如氏亞國這等自智自義之人屢次陷害且保羅不以之爲苦辱但能逃脫其之陷害則爲榮幸之至獨慕宣傳福音眞經聖道爲喜不顧受苦難爲憂有一次去到路可尼亞地方在衆人之中宣諭福音眞經聖道之義亦有多人知罪悔改奉信福音眞經聖道之理忽有自安氏阿及以可尼亞之地方來了如氏亞國數人遂將妄言唆聳衆人之心以致衆人登時拾石亂擊亂打保羅打致似乎近死卽拉出城外衆信徒遂圍護之卽扶起復入城內調治安息一宵次日起程逃往到得耳比

之地旣到亦宣傳福音於此邑、而教訓許多人、因怕那路士大及以可尼五兩處地方衆信徒、因其受人將石擊打之害、恐衆信徒生思疑之心、背離主恩、受害無窮、遂復轉回路士大及以可尼五與安氏阿各處地方、安慰衆信徒之心、堅壯衆人之志、勸諭日夕存心、常常恆守內望之美、篤信福音眞經聖道奧妙之旨、勿懷狐疑之心、恐被外邪誘惑、致失靈魂之救、蓋舉世大半之人、利欲昏心、智滿自義、不知眞經聖道奧妙之理、致忽却之、而我們幸蒙聖神風啓開靈心之志、而得知之者、豈不更要日日加增道德、造乎峻極之義、若半途而廢、則前功盡失、後之苦禍、亦不勝言之矣。夫神天上帝福音真經聖道之義、與世人之願欲、却有天淵之別、甚不合世俗之規、異乎人間所悅之意、以致常被世上之人、輕忽侮慢之、戲笑凡敬信福音之人、或毀謗之、或凌迫之、或欺負之、或謀害之、或毆辱之、或捕捉之、或監囚禁死之等、皆有。惟爾等誠信之者、當心預備可當之。倘遇各等艱難之時、惟求神天上帝暗助、忍耐而受之、勿圖苟免、背主贖救之恩、反害自己靈魂、受永苦、及失永遠之福。蓋我等崇事眞經聖道敬畏神天上帝、慕愛救世主者、不以世福爲樂、又不以世禍爲憂、乃以不能克己惡慾、誠恐獲罪神天上帝、蓋我因爲宣傳福音眞經聖道、受過許多苦楚艱難之事、尚賴神天上帝之恩、暗助我忍耐能當之、不以之爲辱、更以之爲榮幸也。○況且救世主耶穌原在天上爲萬軍神主之子、至尊之至、至榮之極、乃情願棄了尊榮之威、自天降地、投胎出世爲人、自少至壯、沒絲毫慾過、爲因欲替代世人贖罪、甘代受世罪加天父之怒、人使百般的凌辱、最艱難之苦而死、一者、爲代世人贖罪、二者、遺下一個樣子、令我等凡敬信之者、可隨厥步而效法之也。所以古今之人、誠有熱心敬信救世主、崇事眞經聖道、又以之勸教人者、屢次更受許多苦楚捕害之事。蓋善人在世、遇着各樣艱難受辛苦之時、係煉達善德之心、且神天上帝亦以之令善人增善養德、以益其慕善之心、顯著誠善光輝之義也。然我等既專心獨敬事神天上帝者、居這惡世界之中、常有內外誘惑之敵、內敵者、自己心裏之欲惡意也、私情也、高傲也、姪慾也、忿怒也、慳吝也、外敵者、魔鬼也、世俗之惡規矩也、各樣據偶假神佛菩薩之像也、夫外敵誘惑人者、莫甚於魔鬼、先以財帛誘亂人心、令人心心念念盡惑於此事、以致為財悞命者有之、為財謀殺人者有之、為財去做賊偷竊者有之、為財害人家散身亡者有之、為財代死替殺者有之、這諸事都係因財帛之誘以致死亦不惜身體、遂不思身體髮膚受之父母、不敢毀傷之義、又不想死後却有無限之苦可受也。次以女色誘惑人心、迷亂人志、令人顛顛倒倒、喪身滅德、敗國亡家、種種惡逆、亦係因女色而致也、三以各塑偶邪神佛之像、弄些靈驗假說、誘惑人日日去奉事各邪神、僭蔽人心、惑人不知有原造化天地人萬物之、大主、欲害人靈魂受永遠之苦也。世俗之惡者、每年之內奉賀各樣菩薩邪魔神佛、祝誕之虛事、四時八節、拜奉各菩薩邪神佛的常規鄙俗、又賽神遊戲的惡事等、均係誘亂人心害人之眞德也。且塑偶神佛菩薩之像、本是泥木石紙所做之物、固然無識無知、實無靈應的死物、焉能保祐得人、但或有時魔鬼邪神亦借這些偶像顯些靈應、令凡拜之者、得似些效驗、誘人心、服常去奉拜之、若人心內不正者、必受其惑也。蓋在此世界之中常受這內外之敵、日夜攻擊、靜坐則利色邪慾、搖動於內、感惑欲、心動則耳目聲音誘引於外、內外相攻、時刻不離、誠欲虔事神天上帝、遵崇福音眞經聖道者、豈頃刻不存心而能勝之哉。夫勝內敵者、必須恆存恭敬之心、朝夕心內暗中祈求神天上帝、賜神風帮助、克除一切邪意惡慾、常懷善念在心、眞義在內、且善念盈滿於胷、邪慾焉能得進於心哉。故能勝內敵私欲者、外敵不能誘進、惟遠之避之耳。是以既能存心拘除內外之敵者、必不屬世俗之風、不入世俗之流、亦必不悅世人之心、致被世人毀辱謀害而難爲之、或妄告而捕捉之、非是敬奉福音眞經聖道之人、有何惡意謀害地上之人、亦非懷圖謀損人益己之心、乃因宣傳福音眞經聖道之義、明證世人之惡、顯著世人之僞、且勸人不好奉拜各塑偶菩薩神佛之像、故屢次受人欺負凌辱、無端誣陷、妄言冤屈、亦無詞可與人辨、惟求神天上帝赦免這樣人之罪、暗助忍耐當之而已。蓋苦楚艱難之事、在塵世之中、少不免常有之事、亦是人所不欲受的、但比之永遠光輝之重業者、雖或受苦楚刑罰之極、亦算爲輕微之憂、因信得道義之眞、可以有守有爲、故寧受須臾輕微之苦、惟圖永遠之樂、決不因少而失大也。夫世上暫時衣食之福、尚且要費盡心神、勞苦身體、而謀之、何況永遠之福、若不加倍勞心、恆守善德、倍根益力、忍耐艱辛者、焉能得享之哉。蓋世福有時雖然勞心費力、而欲圖謀之、尚有財敗身亡、而不能謀得之者衆也。惟常生之眞福、誠欲專心求之者、無有不獲之、故凡認得眞福之永樂者、或因義而遇苦難之際、決不圖謀苟免之心、亦不肯背主恩而避禍、寧甘心忍耐而受苦、以俟神天上帝之命、固知誠欲獲天福之永樂者、必受許多無辜艱苦之禍、纔能得之、若不受捕害凌辱之苦、亦必受戲笑欺負毀謗唾罵之憂、蓋依眞經聖道之義而行者、必不悅衆人之心、若不照世俗之規矩者、亦不遂衆人之意、反觸衆人之怒、被衆人怨恨、是以不畱心預備而受艱苦者、誠恐或遇患難之際、不能忍耐而當之、恐亦不能獲接天堂眞福之樂也。且奉勸凡不肯信福音眞經聖道之人、及戲笑凌辱捕害敬信之者、然汝等亦宜反心自忖、恐怕戲笑凌辱捕害別人者、必反自害也。蓋汝等在肉身之內、亦有一個靈魂、常久不死之靈物、雖道日夕專心爲惡、又欺負敬畏神天上帝之人者、總無災難可受、總不用死乎。蓋死後汝等之靈魂卽散滅於九霄雲外去乎。抑或死後卽轉輪投胎出世爲人、不用受苦哉。且汝等亦略知善惡之報、乃係如影隨形、無有不報之理、但時候未到、或報應遲速不定矣。況且謀害神天上帝之良民者、其罪惡更大、怎能逃脫此禍哉。蓋神天上帝之良民、乃係神天上帝選擇之人、令其宜傳福音眞經聖道、救人之靈魂、時刻保護之、倘若神天上帝不准令其受苦、汝等亦不能捕害

之、但其雖或受害、亦必增其忍耐之心、越加其進善之美、更顯
揚其道德之光輝也。汝等何不悔改惡逆之心、專意尋求神天
上帝爲主、尊崇福音眞經聖道、倚賴救世主耶穌代贖罪之功、
則汝等必白受恩憐、罪惡亦獲赦免、靈魂必望得救、生安死樂、
豈不美哉。正如古賢王大五得云、福矣神天上帝弗算其人之
罪也。言但凡獲得神天上帝赦了諸罪者、斯人誠有無窮無盡
之福、若有人不肯崇信福音眞經聖道、未得神天上帝赦免其
罪者、雖現居在富貴之家、有權有勢、亦如秋審犯罪之人一般、

囚在監內、直待秋審判斷明白、判定之時、或斬絞流譴處決、必不能自赦囚犯之罪也。蓋人生世上之時、不肯悔罪信奉福音眞經聖道者、亦己被神天上帝囚住要秋審一般、等待死後判斷瞬息、即拘入地獄、永受苦罰、夫囚犯之人、候秋審而定其罪者、疑其案內尚有可輕辦之意、或候部文而後定罪、惡人在世上未定其罪、未罰其惡、待死後纔刑罰之者、神天上帝亦欲其或能醒悟痛改惡逆、回心信賴救世主之功、則赦其罪、免受永遠之苦、故曰、神天上帝不愿人受敗、乃欲衆悔罪、悔罪者、悔改所有之邪惡、則因救世主之功而獲罪之赦也且如今現有神天上帝之良民、宣傳福音眞經聖道、勸諭汝等敬信而行之、則有無限之福、亦非圖謀汝等的銀錢、倘且有沉迷棄却不受之者、誠甘心願意受永苦、不欲接授神天上帝憐恤赦罪之恩也。然這等之人、恐良心未必如此硬逆、但因財色所拘、惡慾所蔽、又現今雖然日日任意妄爲亂作、亦未見甚麼苦難臨身、是以更恣意任欲、無所忌憚而作之也。只恐怕死了之後、沒財沒勢、無親無友、孤魂隻影、無倚無靠、欲想進天福、無神使導引、欲避

永苦、衆鬼使亂拘打進之、請問那時拘入永苦之中、欲呼求神
佛救汝乎抑汝子孫在陽間打醮、叫和尚念經、號喊菩薩救出
永苦哉。蓋世人不知、只估神佛菩薩能救護人、殊不知神佛與
菩薩等、均是與世人同類、亦係聽由神天上帝賞罰其之善惡、
恐伊自顧不暇、焉能保護救得別人求之者耶。所以凡人倚靠
神佛菩薩救護者、莫如倚靠自己生前遵信神天上帝之命而
行謹愼作善、欲求救之時、更有靈驗也。故此敬信福音眞經聖
道之人、明識眞理之義、獨知有一位原造化天地人萬物之大

神主、即是俗稱神天上帝、應該恭敬崇拜的、除了這至尊獨一眞活神天上帝稱父子聖風者之外、其餘人類所立之神佛菩薩等、皆不是神、亦不該奉拜的、故汝等若能脫出世俗之惡、丟棄各樣壞偶之像、不奉拜之、又勿欺負凌辱捕害神天上帝之良民、反要與之相交爲友、尊崇福音眞經聖道、獨敬事神天上帝、信奉救世主、從此獲寵於神天上帝之恩、獲悅於敬畏神天上帝之人、至來生亦同萬億善人享常生之福、於無窮之生生世世矣。

見聖經馬竇篇十八章六節

論人不可誘惑敬信救世主眞經聖道福音之人

救世主曰凡誘惑信於我嬰孩之一者寧可被磨米石墮頸投入海而死更爲好也○信於我三字言凡信於救世主眞經聖道福音之義理也嬰孩二字有兩樣解法一言初敬信眞經聖道福音之人如嬰孩子之心知識未開志向未定初習眞經聖道未得盡能領略奧妙之旨不過略知數條大義之意尙要用工進學纔能深知其隱秘之旨意也○二言嬰孩子之心純一不二無詐僞之心沒絲毫之欲眞實無妄之志也○故凡敬信救世

主眞經聖道福音之人、亦必如嬰孩子之心、纔可能得靈魂之救也。磨米石墜頸者、言寧受這樣刑法而死、乃算最重之刑。譬喻之詞甚言之至也。此救世主勸戒世人之意、曰我如今來世界宣傳眞經聖道福音之義、係神天上帝頒諭啓示隱秘之旨、且與世界上各國聖賢歷代所論之道、大不相同。蓋聖賢之道、只論君臣父子夫婦朋友之義、不知人之本分日日該行向神天上帝、若何神天上帝原本於世人若何、萬物於人若何、人於萬物若何、人之罪惡從何而來、人之靈魂明悟爲何漸失作惡作善究竟報應若何、惡者知罪悔改求赦若何、人肉身死後善惡靈魂實往何所、等事各國歷代聖賢、皆不能推論其義、未知詳說者、因其雖聰敏睿智、亦不能知此奧妙隱秘之旨、故各聖賢亦不敢妄說推論之、直待救世主降生世界之時、纔能闡發啓明神天上帝奧妙隱秘之旨、令世人知本識末、不致矛盾實甚究得末之義、而失本之隱秘也。夫眞經聖道隱秘之理、誠奧妙不測之旨、包括事物表裏精粗、無有不盡、且尤推明人類原祖生自何來、人現生在世、却要如何纔能盡乎本末之道、斯奧妙之理、或有人聽了之時、略知大意、慨然感動其心、卽信從之、但恐一時未必盡能深知眞經至旨之意、究竟必待學習而後能知、倘若偶被蒙昧之人、自謂熟諳仁義禮智之道、洞明性理之源、自恃飽學優餘、不肯虛衷下學眞經聖道之理、彼旣不肯信服眞經聖道之義、又不允悅別人從之、若知有人信從之者、彼則以多般言語、誘惑信者之心、說云、你如此好人、謂何到肯信從這樣糊塗道理、你還不想信了這道理、甚麼菩薩神佛都不能拜得、一些謊言亂語、不能講得、一些戲耍之事、不能做得、又要日日朝夕誠心拜求甚麼神天上帝、誰不知孰敢拜求天耶、做了天子、纔敢祭天、做諸侯纔敢祭社稷、人間一個小民百姓、焉能日日朝夕拜求神天上帝乎。這是越禮犯分、大不合理之事、凡敢私自拜之者、不但無功、而且犯了越分之罪、又講甚麼耶穌、被人釘死在十字架之上、乃說代人受死、贖罪救人靈魂之糊言亂語、蓋那耶穌在生之時、被人害死、不能自救、到了死後、無形無影之時、就能救人靈魂乎、蓋世上之人、死了之後、魂飛魄散、即時消滅了、還有什麼形體去受苦哉。惟有君王及各大臣官員聖賢等人係天差落凡間管理人民的其死之後、魂卽昇回天魄卽歸於地故俗語云萬物盡生於土萬物亦盡歸於土是以人死亦以歸土爲安若身死了之後無身無魂魄用什麽形像報應賞罰人之善惡乎蓋爲惡的人若做不好未曾報其本身卽報應其子孫受禍或盲或跛或啞或窮苦或發痳瘋或乞食或做賊或拖架帶鎖或受官府刑法而死這就是惡報若論爲善做好心的人得善報者近則報其本身事事順利多做生意大發寶財遠則報其子孫或有功名或出身做官

或長生福壽、或世代簪纓、功名不絕、或子孫衆多、這就係善報、
除了生前陽間的報應、若講死後陰間還有報應、便屬異端邪
教、且死後杳冥之事、有誰知到、有誰親眼看見、故孔夫子有云
未知生、焉知死、聖人尚且不知死後的情形、不過教人盡了人
道之本分就是了、況且耶穌之道理、外國之書、無文無詞、亂言
亂語、所以外國之人纔肯信之、我中國有了聖賢仁義之大道、
禮樂之邦、孰肯棄正道而從邪教乎。那些初敬信眞道福音之
人、聽了這些言語、一時眞假邪正難分、受此誘惑之言、會內必

懷疑狐之意把信德之心變了欲從不從之志緣此以妄言誘惑人信德之心者其罪眞無窮之至也故救世主曰凡有人自己不肯從信福音反以亂言誘惑信於我之眞經聖道者其人寧可受磨米石墮住頸投入海而死更爲好免得伊在世上復誘惑人不信眞經聖道倘伊若死了之後要受多數倍地獄之苦難也夫眞經聖道福音之旨係神天上帝特差救世主耶穌闡發秘訣之眞言講論人死後報應天堂地獄之賞罰這樣玄機奧妙眞經聖道惟救世主纔能啓示之因救世主由天而降

世、故知天堂永福之賞、其亦在死了之後、三晝夜仍復生活、則曉地獄永禍之苦、蓋救世主受死復生之後、還居住地上四旬之久、宣明善惡生死賞罰之義、敎授各使徒諳熟此理、令其傳示通天下萬國之人聽之、信與不信、在人之志、蓋救世主卽係知善惡死生之報應、知人有個寶貝靈魂永活之重、因其由天降來、故知善人死後其靈魂有天堂永福可享、其亦由死而復生、且亦知惡人死後靈魂有地獄永禍可受、信之改惡學善者、可以獲福、有罪惡不肯信之者、必遭永禍、蓋凡既已信賴救世主耶穌之人望得靈魂之救亦當如嬰孩子之心常存慕戀敬畏神天上帝之念凡所言行悉遵神天上帝之誡命勿聽別人誘惑之言勿跟世人之惡俗勿過貪世上暫時之福乃專心懷念來生永樂爲業夫嬰孩子之心無詐僞純一而正者因其未受物欲所拘是以心志尚未知所之故其愛戀父母之心亦是專一之意亦無異想也蓋敬信救世主倚賴神天上帝之人亦要如嬰孩子一般無詐僞之心專一慕戀神天上帝時刻崇敬之獨奉事之遵從之生在世界之上求其賜聖神風暗助脩善

積德、死後求其救靈魂、不落地獄、乃仰得超昇於安樂之永福、人能常存如此之心、神天上帝亦必照其所愿而賜之、比世人之父母管理兒女之心、更實在、尤穩當、因神天上帝乃係自永遠至永遠生活之神、常川造化萬物之大主、預備無窮之福、賜與凡敬尊神天上帝之善人獲享之、不比得世人之父母、或生或死不定、雖欲遺存物業與兒女、恐亦未必能得、因其不能一定積聚物業存畱與兒女、故雖欲遺之、亦不能得也即或有能幹之父母、可以積聚物業畱存與子孫、亦不過養育子孫之肉身不能顧盼子孫死後之靈魂、由此推論之、人不敬信救世主、不肯倚賴神天上帝、眞不識本末之大道、不顧靈魂永遠之關係、誠可惜之至、可哀之極、凡誘惑人者、祈宜思之、豈誘惑他人不信福音爲幸乎、抑或謀算悔改自悠爲幸哉。懇宜反心自問孰爲輕重可也。

論眞經聖道福音、宣傳到該地、凡有人不肯接受者、應當之禍、

保羅曰、爾等愼勿咈彼言也、蓋伊等咈彼在地而講者、不能避

及、何況吾儕不聽彼自天而講者、焉能避及也○保羅係宣傳眞經聖道福音之使徒、爾等二字、指古今各世代之人、也上彼字、指救世主耶穌、言字、指眞經聖道福音之理、伊等二字、指古時以色耳之人、吾儕二字、亦指古今各世代之人、中彼字、指上古的聖人、下彼字、亦指救世主耶穌也、此保羅詳述經書之意、言救世主耶穌、替代全世界人受死贖罪之理、乃係眞經聖道福音奧妙之義、凡所論之事、々言質實、事事證驗、情眞理確、其已敬信之者、固當小心謹愼持守之、即未知而得福音之書觀

看者亦該領受奉信遵而行之則各所獲之福眞無窮無盡也
且上古之時有一位聖人名摩西引以色耳衆人出以至比多
之國經過大曠野之地在西乃山上神天上帝在山頂降下十
條聖誡授與摩西令其將十誡之意教訓以色耳衆人摩西即
接奉十條聖誡欽遵神天上帝之命把十條聖誡之旨詳釋其
義教訓當時以色耳之人葢那時世代衆人雖有聖人摩西常
時教訓但伊等耳雖聽之而心內或遵信或背逆總無恆心遵
守故那時世代之人漸漸死於曠野之地不得善終都是受非

常之害而死者、多也。蓋伊等不聽聖人摩西教訓、以致受災害而死、不能逃避之、且今時世代之人、幸蒙救世主自天降地、宣明神天上帝隱秘之旨、代贖罪獲赦罪之恩、教授門徒、諳明其義、令之宣傳通天下萬國之內、使萬國之人、皆知代贖罪獲赦罪之恩詔也。門徒欽命漸往各國宣傳、由近而至遠、不論蠻順之國、凡所到之處、智愚賢不肖之人、皆傳諭曉示之、以使一體遵信而行、各獲赦罪之恩、存心銘感神天上帝之德、常懷答謝之志、勿辜負神天上帝仁愛之大恩、凡所傳諭之處、各人切要欣歡領受之仰獲常生之福圖謀永遠之樂也茍有人自恃驕傲之心不肯遵奉之者定必追究其抗逆之罪今在世上或者未重究辦其罪但至死後來生之時決不饒恕之定必重究而罰之曉諭嚴明若敢冒犯之者自取永禍也蓋救世主降生傳授眞經聖道福音之理播傳在世上已有一千八百餘年至今通天下萬國之內大半之國已得福音宣傳曉諭之而各國上下人等亦遵信從順而行改變風俗奉持聖誡然宣傳雖久蓋此福音之道神天上帝特遣救世主宣明存留原在如氏亞國

之內因此國離中國甚遠、是以年雖久遠、而眞經聖道福音、未得宣傳遠及者、以其路途險阻、遠隔重洋數萬里、故久而後傳諭至也。譬如太陽初昇、漸次而上、近者必先受其光輝之鑑、遠者、緩緩亦獲照臨、傳諭眞經聖道福音之意、亦由近而至遠也。夫現今宣傳到中國之地、非中國人學習而得之、亦非神天上帝降下經旨、乃幸得西方諸位善人君子、敬信斯道之人、深明其義、不敢蘊藏其理、凜遵欽奉神天上帝之命、推其愛人如己之心、所以不懼數萬里重洋之險、航海至粵、遞傳福音至中國、尤不惜數萬餘金之費、習學漢文、不計韶光、攻苦諳明漢文之意、繙譯漢字、是以盡譯出眞經全旨之意、略傳於中國、然西方善人君子、非以此沽名射利、亦非有私謀外意誘惑人心、實欲奉神天上帝之旨、不敢不傳諭福音奥妙之義、救援中國人迷謬於塑偶菩薩之心、拔出陷阱罪惡之中、可獲赦罪之恩、而圖謀常生之樂、斯卽遠人之志也、故將眞經書內數節有關身靈之要道、意深而論淺、編輯成帙、使讀者豁然明曉、更可以隨身出入攜帶、不難閱讀、亦便但斯福音之義、竟與世情却有天淵之別凡觀看之者勿以之爲嘻戲之言更勿以爲外國之道何足論哉蓋眞經聖道福音之理雖傳自外國而來但其奧妙之旨誠由神天上帝降示而傳諭之凡咈之者是咈神天上帝之旨背逆神天上帝之命且孰敢抗逆至尊全能神天上帝乎況且現今　國王有旨意頒示傳諭於國中凡在國內軍民人等皆當遵旨意而行若有不遵者必定處治其抗逆之罪照例而究辦之懲治其罪也何況

神天上帝乃係萬王之王萬國之主宇宙之內萬國之人自　國王

以致於庶民、皆在其掌握之中、凡敢抗拒其之旨意者、怎能逃脫不罰汝之罪乎。更兼遵奉　神天上帝之旨意而行、不是要人破費錢財、不是要人改變國法、又不是要人變換服色、不過禁人勿去拜各色神佛菩薩之像、獨要存心崇事神天上帝爲主、改惡學善、敬信救世主、求得赦罪之恩、免受死後之永禍、蓋這數樣之事、不費韶光、不用錢銀、不害身靈、反有進德之基、而省却拜神佛菩薩所用的虛費、豈不是省錢財、而亦遵順神天上帝之命、何等美哉。倘若全國之人、遵信而行者、貧者守分而心常安、富者慕善義心亦常樂、上不違逆神天上帝之旨、下不干犯王章法度、不獨貪慕世樂之歡、不空費光陰之寶、君政臣忠、父慈子孝、官清民樂、永享太平之福、將見夜不閉戶、道不拾遺的清平好世界矣。與其故意冒犯神天上帝之旨者、其雖衣食豐足、飽煖無憂、到底在深夜寂靜之際、必被其良心自責、如此焉能得安樂之心哉。且古時聖人摩西以十誡之意、教訓古時的人、而伊等不從順而行者、尚且不能逃避災禍、何況如今救世主自天降地、宜明神天上帝赦罪之恩、而還有人固執偏見不肯遵從之者、怎能逃脫災難、誠恐更要嚴加重懲其抗逆之罪也夫。君王之旨、聖賢相傳、仁義之大道、固當從順、但神天上帝造天地、造君王、造聖賢、造人物之旨意、還不該遵信而行之乎。昔賢有云、遵順神天上帝者存、違逆神天上帝者必敗亡也。甚願中華大國之人、觀此書者、勿徒恃禮義之邦、文華之國、必要虛心理會、忘乎國之禮義文華、泯乎道之傳自何方、準情度理、祇思神天上帝生我爲人、而人所以爲人者、眞經聖道福音之理也。閱書如是、則庶乎可得其奧妙之深意矣。

聖保羅宣傳福音與可林多輩書

第一章

保羅奉神旨、召爲救世主基督之使徒、並弟兄所士氏尼、惟願神會在可林多諸蒙救主基督所聖召爲聖輩、與各處諸呼求吾救主耶穌之名、屬爾等連吾者、皆獲寵、獲平和、自神我等父、自耶穌基督我等救主者矣、余因神以耶穌基督所賜爾等之恩、而常時爲爾等感謝神、因爾輩由之而富以諸言、以諸知、如是基督之證、益堅於汝間、致爾等無所缺之賜、吾救主耶穌基督之顯其亦將堅定爾等至終以無罪於吾救主耶穌基督之日神乃信誠其召爾等共厥子吾救主耶穌基督矣且諸弟兄乎余因救主耶穌基督之名懇求爾輩皆同一言免汝間有爭辯乃致爾等合同見同意蓋屬其羅以之家達余知在爾等中吾兄弟們有爭論吾所言乃爾等每所言曰我乃屬保羅我乃屬亞波羅我乃屬西法我乃屬基督而基督已分裂乎保羅已爲爾輩被十字架釘乎爾等亦因保羅之名而領洗乎吾因於其利士波及哀阿士外未洗爾輩今謝神免或有云吾以自名

施洗、吾猶洗士氏法拿之家、其餘不記有余所洗者、蓋基督弗遣余付洗、乃遣宣福音、弗以言之智、以免空基督之十字架、蓋十字架之言、與亡輩為狂、惟與救輩、即吾等、為神之德、蓋經云余將敗智輩之智、棄計輩之計、今智者何在、教士何在、此世之辯論者何在、神豈不以此世之智為狂乎、蓋因世人未用神智以智不認神、後神情願以宣之狂、救信輩、蓋如大類尋異跡、並厄利革類求智、惟吾輩乃宣被釘十字架基督、與如大輩固為磯、與異民固為狂、且與諸見召連如大連厄利革之輩乃基督神之德、神之智也。因神之狂為智過於人、且神之弱為強過於人也。諸弟兄乎、汝觀汝之召、蓋汝間未多依肉身之智者、未多能者、未多貴者也。神乃選世界所以為狂者、以愧智、亦選世界之弱、以愧強。又神選世界之卑賤見輕忽者、且為無者、以敗為有者、欲凡骨肉之人勿得矜誇在神之面前。且由之爾輩在耶穌基督、由神與我等為智、為義、為聖、為贖。以驗經所云、其榮者宜於救主而榮也。

第二章

且我至於爾等之時、非以言之高、智之峻、而至乃以傳宣神之證、蓋吾在爾等之間、弗擬他知而特知耶穌基督且其被十字釘者也。又我居爾等之中、多有弱懼慄者矣。且吾語吾宣非以人智慷慨言詞、乃以風以德之表、致爾信可非止於人之智、乃於神之德也。且吾輩在精粹之間亦講智、然非此世的、非此世王子輩見敗者之智、而吾所講於秘義、即神智、其為隱而神自諸世之前預定之為吾榮光、此世之羣宗無一識之、蓋若識之、必不及十釘榮光之主、乃如經云、神所預備與愛之之輩、目未見耳未聞又未上於人之心而神以其聖神啟示吾儕之心蓋聖神達無不及連神之深處亦及也蓋屬人之情若非人之靈在己者而誰識之耶屬神之情亦然若非神之聖神而孰識之哉且吾儕所受者非此世之風乃由神而有之神風也以知吾所受於神之錫致我等以是而講且非用人智之言乃用聖神之所訓以自己靈之情比神靈之情也有人乃弗洞達聖神之情乃以之爲狂弗能達之因須以靈達之也靈者無不達而無人達之亦曉達也蓋孰識神之見以誨之乎吾輩乃得救主之

見識也、

聖經可林多上篇

第十三章　論仁愛之道

聖保羅曰、我倘能講羣世人及羣神使之言語、而無仁、余即似響銅鑼、又我若能先知通諸經書奧義、若有諸信、致移山、而無仁、即如無物、倘若余給吾衆物、資養貧窮之人、若付身以燃、而無仁、即無我益。夫人乃能忍耐、乃慈憐也。仁弗妒、弗妄言、弗自滿、弗行不宜、弗圖私益、弗易觸怒、弗思何惡、弗樂悖逆、而喜眞理無不忍、無不以信實存心、無不望、無不容也。仁永不樂、或先知將已、或異音將息、或識將廢、蓋吾輩一分知、一分先語而得其全、時所缺必將息矣。余昔齠齡時、言如童、曉如童、想如童矣。迨余壯盛、童事已息矣、吾輩今不明見以鏡、彼時則面對、今知不踰幾分、迨彼時、則如自被知而知焉、今信望、仁三者並存、而其中最大者仁矣。

聖經若翰篇一書

第四章

聖若翰曰、愛輩乎、勿信各風、但試其風或由神否、因僞先知輩多已出世間、各風認耶穌基理師督曾於肉而臨、即屬神、由是爾可識屬神之風、各風不認耶穌基理師督曾於肉而臨、即弗屬神、斯乃敵基理師督者之風、爾等所聞已經必到、且曾並在世間、小孩兒輩汝等由神、則勝伊等、因在於汝等者、比在於世者尤大、伊等由世間、故伊等講世間之情、而世間者聽伊等、吾輩由聖風、識神者聽我等、非由聖風者、不聽我等、以此我等知辨眞之神與假之神也。列愛輩、吾等應相仁愛、蓋仁愛由神、各有仁愛、卽由神而生、且識神、無仁愛者不識神、蓋神乃仁愛、神之仁愛及我等、曾現著於斯、卽因神遣厥獨生子進世間、致吾輩可因他而活於斯、有仁愛歟、並非以我等愛神、乃神以愛我等、及遣其子以代我等之罪、爲保贖者也、列愛輩、倘神如此愛我等、我等亦應相愛也、從無人見過神、我等若相愛、神卽在吾內、又其仁愛全於吾、因其以厥聖風而賜我等、故知我等在於彼、又彼在於我等焉、我曾見且證、以父遣其子以爲世之救者也、凡將認耶穌爲神之子者、神卽在於之、又彼亦在於神、我等已經識且信神向吾輩所有之愛、神乃愛、彼在於愛者、卽在於神、又神在於彼、在斯吾等之愛得全矣。致我等可有毅於審判之日、蓋在此世、彼若然、我等若然也、仁愛無懼怕、乃存仁愛棄除懼怕、蓋懼怕屬苦、懼怕者、未曾全仁愛、吾輩愛神、因神先愛我等、若有人自稱我愛神、惟是人恨厭兄弟、彼卽謊者、蓋彼不愛所見過之弟兄、他豈愛未曾見過之神乎。我等由之而得此誡、卽彼愛神者、亦愛其弟兄也。

論善人至來生災難盡息眞福齊來

善義之道、最難形容、人之善惡、亦難指摘、夫以俗人所論、則有善惡之人、惟聖賢詳述者、存心修德行仁、亦不過盡人事之本分耳、焉能稱得爲善者哉。夫如是、何以世俗之論、則有善惡之人乎。蓋所謂善惡者、君子小人之異、乃在敬信違逆之心、而分別之、故有善惡之不同也。善者因其虛靈不昧、良心恒存、五常恆守、但聞福音眞道之理、每見代贖罪救世之書、則敬之信之、遵奉守之而行、不敢輕覷之、乃算之爲善爲義爲君子也、蓋其惡者、因其虛靈之心、被氣稟所拘、人欲所蔽、則昏迷妄作、言動乖僻、獨隨人欲私意而行、不能走於善義之道、若聞福音眞道之理、則如瞶如聾、每見代贖罪救世之書、如針刺其目、如箭射其心、即棄擲之丟却而違之、所以算爲惡逆之人也。但現今之人所論善惡者、更大不同也。今之所謂善者、以食齋念經燒香拜佛拜菩薩、創修廟宇、印造經文齋僧打醮等事、只算之爲善人、有慈悲之心、人所共讚欽仰、效由如此者、乃算爲善人、豈不可笑可悲哉。蓋人不以存心修德爲善、乃以身外作弄戲耍之事爲善功乎。既然如此、有錢財作戲弄之事則爲善、沒錢財作弄、之者算爲惡也。豈有此理乎。即其所謂之惡者、亦不以邪淫姦巧、爲惡、乃以不拜各樣泥塑木雕紙畫之像、不敬奉佛祖各菩薩、不隨從世俗之風、不照時世之規矩、獨存心崇拜天地萬物之大主、尊信救世主福道而行者、則以之爲怪異、爲惡逆、爲無智之人、或毀謗之、或戲笑之、或欺藐之、或圖謀陷害亦有之、斯等人誠不敢違逆天命、寧遭人之毀謗戲欺萬難、背負福道狗、人因知聖經有錄云、但凡爲世之友者、即是神之仇敵也。又

聖經者米上篇四章四節 彼上四章三節四節

聖經聖彼多羅云、當時我們亦隨衆人、行於邪淫惡慾、好酒好食筵席、及拜可恨之偽神與偶像、因爾等如今悔改、不敢偕衆人走到同一樣過度之樂、衆人卽見怪、致毀謗爾等、此聖經之奧義、言人凡已明識福道奧妙之意、必獨遵奉敬行、決不肯隨從世俗之規矩、若不照世俗之規矩者、不能和悅衆人之心、必被衆人之戲欺毀辱也。卽如孔夫子亦有云、憂心悄悄、慍于羣小、如此之謂也。殊不知雖受衆人之怨、而却得神天上帝喜悅之、慈憐之、愛之如父母慈愛子女一般、時刻保祐護持之、今在世界之上、雖然受人百般毀謗欺戲淩辱、但其至來生之時、神將拭去伊等諸目之淚、偕之同享天福、此後無尚有死無憂慮、無災難、無悲哭、沒有何痛苦、蓋世上昔有之苦情皆過去了、而後來之情皆新作也。斯爲世俗衆人所惡者、神乃以之爲善義之人也。是以今之爲人者、勿徒以人之讚頌則爲善、衆人惡之則爲惡、蓋今世之人、所論善惡者、與古時聖賢所論固然不同、且與

神天上帝所選爲善者、更不同也。比如衆人皆讚頌稱我係善、

不能賞賜我生前死後之福、或衆人都說我是惡、亦不能令我生前死後受災難也。惟若神天上帝無所不在、無所不知、無所不能者、以我係善、必能生前死後賜我得福、倘或神天上帝以我係惡、則能罰我生前死後受災難也。由此觀之、凡有血氣之人、必要尊敬天地萬物之大主神天上帝為本、不須過於懼人之毀謗欺戲、凌辱陷害也、即如聖經聖馬竇之書云、勿怕伊等殺身而不能殺

聖馬竇篇十章二十

靈魂者、寧怕神能使連肉身靈魂沈淪於地獄也。引此聖經之奥旨、總結上文所論善惡之意、申明善惡之事、勿徒以人之褒貶爲賞罰乃必要
神天上帝公義之判斷爲禍福、尤勿獨懼怕人之權勢能免災難、乃必要敬畏
神天上帝之天威、方能避禍患而獲天福、捨此不遵依、獨畏懼人者、是自求禍也。

論人不信神天上帝赦罪恩詔之福道該受的永禍

宇宙之內、在世間之上、太陽之下、通天下萬國之中、所有尊卑貴賤上下人等、皆由天地之大主、造化生成形質而爲人、且賦以靈魂之靈神、主宰全身之體、渾然周行、自強不息也。夫人既有靈魂之靈神、具衆理而應萬事者、則人人應該盡屬於善、何以卻有惡逆之人乎、誠難言也。今不必細論當始人類犯天律引惡入世界之端、且將現在世情風俗習染之由、略言其之大概、只知人之惡逆、乃有大半皆係習俗徇風所至、以使凡爲人者、豈不更該慎察風俗世情之好歹、而後從之乎。蓋現在世上各處之人自出娘胎、在嬰兒懷抱乳哺之際、無知無識、尚不能誘感其之心志、及其已長略知識善惡之時、居家庭日夕之間、看着父母伯叔言行舉動、所作善惡之事、善的事情誠恐未必常存於心、若是惡的榜樣、則容易效由、且爲父母伯叔者能有幾多留心做善樣子教兒女學乎。迫至壯年、志識漸開、色欲漸萌、此時正是人良歹善惡之際、若出外交接親友係直諒多聞者、則隨善德正道而行、倘或出外交接親友係奸巧邪淫者、則從邪淫惡路而走、況且當今之世、都是貪走邪路曲逕者多由

正道直諒多聞之人者少也。夫人自少至壯之日、在家沒有賢
父兄敎訓出外不擇良友交接者、鮮有不陷於邪僻之路矣。既
入了邪僻之路、則志識昏沈、日陷日深、不獨善事弗肯力爲、即
善言亦不欲聽見奸巧之人、總以爲魚兄肉弟遇賢良之友、則
輕忽藐視、加之魔鬼邪神、常以邪風感惑搖動人之欲心、令人
終日懷想惡念、因此外則見親友邪惡之行爲、內被邪風誘感
惡念、內外相濟、邪念日增、姦惡日長、初時漸行邪惡之事、良心
尙有羞恥、及後日久慣行、則心內不脫姦邪之念、口中不離邪

淫惡語斯時良心漸失、羞恥亦不自知、惟其身乃獨謀弄婬慾奸邪之事而已、蓋人所以遷移為惡逆者、大概亦由是而至也。所以如今滿世界大半之人、一則被邪風迷惘了靈心、二則私欲熾盛、三者風俗世情的遺規、彼此相習、各代之人跟隨效由、根深蒂固、若有人不從世俗遺規之事者、焉能免得欺戲凌辱乎。似此之世界、雖有善義之人、亦不能勸化衆人之心、更不能改變其之風俗、惟獨

神天上帝至公義者、至慈憐者、至忍耐者、疼愛世上之人、如父

母疼愛子女一般、況且世人的父母、尚有偏愛之心、但
神天上帝、沒有一毫偏愛、獨係常施恩憐慈愛世上各處之人
而已。如今更施賜分外之恩、特遣救世主降世、宣諭赦罪之恩
詔、傳載經書、令各使徒頒行通天下、宣明萬國之人、凡知有罪
痛恨悔改惡逆之心、接奉赦罪恩詔之意、遵守而行者、乃獲諸
罪之赦、更可以邀求天福、凡有不肯奉詔悔改惡逆之心者、
神天上帝、決不能赦其抗逆之罪、定必徵究罰其之惡、其在世
界上之時、或令之受災難窮乏之苦、間或亦未刑罰之、但其肉

三

身死了之後、即拘其靈魂落地獄受烈火之永罰、夫惡逆之人、在世界上之時、天固知其惡逆之心、但未刑罰其之罪惡者、乃如父母溺愛涵養子女一般、蓋明知子女有過失、則必委曲教誨之、倘犯小過、乃詈罵而教之、大過忤逆、則警責痛打之、欲待子女悔改了頑逆之心、則仍復疼愛之而已。凡爲父母者、決不是因小過忤逆、即置子女於死地。今

神天上帝、係世上萬國人之大父母、容忍涵養世上之人、似父母容忍子女一般、惟待世上之人知罪悔改惡逆之心、接奉赦

罪恩詔而行、則恕免其罪、甚不願即令其死、拘其靈魂落地獄受永火之刑罰也。所以惡人在生前未受大災難而死者、神天上帝、慈憐之意、欲其生前悔改惡逆、則赦恕不追究之、若至死之日亦不肯悔改惡逆者、斯時其之善惡已定、即賞其善罰其惡亦公道矣。蓋世界上萬國之人、在太陽之下不論尊卑貴賤上下人等、皆必要死、但死者、乃係死了人骨肉之身體而已。惟人之靈魂不能死的、却是永遠生活的靈神、所以善惡之報、都在靈魂受賞罰者、多在骨肉身體受報應甚少、夫世界上

萬國之人、在生前有尊卑貴賤上下人等之分、惟在骨肉身體
死了之後、獨分別善惡兩等靈神而已○善者之靈神、
神天上帝令神使者、接引於永遠安樂之所、永享逍遙之福、惡
者之靈神、其令神使者、驅逐於地獄永火之坑、受烈火之刑罰、
永遠受苦也○凡觀此小書者、所宜省察之、欲享天上逍遙安樂
永福乎、抑想受永遠烈火之刑罰乎○及早思之、免生後悔、

勸世良言卷八

聖經耶利米亞篇二十三章 十九節起三十三節止

視哉、於烈憤之間、颶風由神爺火華出、卽暴颶風也。將痛然而落惡人首上也。神爺火華之怒、未行所擬之先、則不致息也。於末日之間、爾將熟念之矣。該達未來蓋、我未遣伊等、伊尙且跑去也。我非言伊等、伊尙且宣示也。倘若伊立於我議、而卽使我民聽我諸言、則必致轉離其惡行、並離其之歹作也。神爺火華曰、我止以近處爲神乎。而非於遠處亦爲神乎。又神爺火華曰、人可在密處自匿、致我不見他乎。且神爺火華曰、我豈不是滿天與地乎達未來者之輩用我名而宣假言云我見了夢示也我見了夢示也者伊之言我曾聽之該宣假言之達未來者以己心之詐而爲宣未來事也幾久而存心焉爲欲以己之各夢而各人相傳而使我民忘了我名如伊之祖宗因假神而忘我名達未來者見夢則可宣夢示且有了我言之人則可誠然而講我之言也其糠與其麥何相比得乎是乃神爺火華所言也神爺火華又曰我之言豈非似火焉豈非似斧可打碎其磐石焉也故此神爺火華曰視哉其各達未來者相偷隣

人所行了我之言者、我要敵之、且神爺火華曰、視哉、我乃對敵其各造未來者、用己舌而講云、神言也。又神爺火華曰、我對敵各人宜假夢示者、而以之告知人、及以伊謊言與伊之浮薄、而使我民錯、我尚且未遣伊等、並未令之、故此神爺火華曰、伊全然不益我此民也。

論人在世界之上須要分別善惡而行

凡事汝等試之、而其善處持守之、凡似惡者汝戒之。○人之所以為人、而異乎萬物者、能明識眞道、審辨事義、合乎中庸之正、依乎眞道而行、則能盡其道之性矣。夫道因事而起、事由人而爲之、故事未爲、則善惡未分、若事已成則善惡亦區別矣。且宇宙之內、事物衆多、焉能一概盡屬善、而無惡之事乎。固必有善有惡、亦有似惡而善、似善而惡者、甚難瞭然盡知、惟在虛衷遜順者、明察審辨、試之而後守之矣。蓋善之大、善之極、莫如仁愛之德、上敬愛神天上帝、下愛衆人、眞無窮之義、雖聖人亦行之不盡、惟其守之約之、存心作之而已。其次善之義、莫如孝順事親、友悌事長、事屬應宜、然欲行盡斯義、亦甚難行之至、惟當子弟之職者、盡心焉爾矣、其次如言忠信、行篤敬、雖蠻貊之邦、亦要愼行之矣。夫這各樣至善至義之事、人不須試之、惟存心遵守、敬謹愼行之可也。然大惡之事、莫如行兇謀殺、反叛大逆、倫盜拐騙、姦婬邪術、忤逆不孝、這樣大惡大逆的事、人人固知是惡、弗用分辨、確知係大罪惡的事也。夫顯然之善、及顯然之惡、人知該行、而知當去、惟有似惡而極善、似極善而至惡者、豈人了然明察、而盡知之哉。卽如現在至善之事、人多以之爲惡者、就是救世眞經聖理、福音之道、係神天上帝、自天降下、默照啓示世上之人、宣傳曉諭令人遵守、而行的、乃講論天地之內、獨有一位造化天地萬物之主、係神俗稱神天上帝惟啓示眞經本字音義、稱之爺火華三個字、斯乃眞神、而普世萬國之人、皆當尊崇敬之奉之、其餘所有甚麼神佛菩薩之像、悉不應該敬拜的、若違逆神天上帝之命、奉拜各樣神佛菩薩者、卽是獲罪於天、又論人形身之內、有個靈魂生命、永遠不死的、且形身死後、永賞永罰之禍福、關係甚重、在於靈魂賞罰之、又論有一位救世主耶穌、係神天之子、自天降地、投胎爲人、曾經受難受死、代贖了全世界之人獲罪於天的罪、致使凡敬信之倚賴救世主代贖罪的功勞者、可獲諸罪之赦、至來生其靈魂亦可仰望得救、因這道理新聽異聞、與現在世人之心相反、蓋世人之心、以拜各神佛菩薩爲好事、善事、而這道理、却論拜這神佛爲悖逆之事、故世人不獨不肯信從、必以之爲異端邪教之道理、乃不肯追思上古初開之世、那有如此多般神佛、不過係各代之人愚意、彼此所立、代代越發加增、以致如今之世代各處地方、則設立無數神佛菩薩之像、都係人手用坭木紙畫之工、而做成偶像安立之、那有一毫靈應在內、但各處之人亦估必要敬拜之、纔是合理、殊不知正是大獲罪於神天上帝、像這樣之事、因衆心迷惑、根深蒂固、倘或將眞理之義勸人不可行之者、豈不是觸怒人之心、反以眞道善言而毀謗爲惡事乎。蓋現在之人安於自智、不肯稽考古今、又不信神天上帝救世眞理、獨彼此跟隨各處風俗、從着新舊的規矩行之而已。若能移風易俗者、凡事須要考古證今、忻勤領受眞道之言、日究經書奧妙之旨、若事合眞理之道、雖衆人皆咈之者、亦必要違風俗而從眞理正道而行、不可因循悅俗、徒自害也。又如當今之世、人人皆所謂之大善之事、陰騭文公然勸人行之、莫如捐銀創修廟宇、裝塑神佛各菩薩金像、則算功德無量、人人讚頌之、善之極也。但這修廟宇、塑神佛各像之事、以愚夫愚婦肉眼觀之、則爲善事、惟在神天上帝視之、乃是大悖逆之事、反逆神天上帝之惡、何以見得爲之反天逆地之惡呢。蓋普世徧地之萬物、皆係神天上帝造化生長豐盛、給世人所用的、而人既已享受之、則該遵神天上帝之命、常懷荅謝神天上帝之恩、是爲本分的事、何以世人日日領受神天上帝保養之恩、不敬、不謝、已是大罪、又反把神天上帝珍寶的財物、置在無知無識、泥塑木雕神佛之像、頌其恩、彰其德、如此豈不是叛逆神天上帝之大惡乎。且人受父母生養鞠育之恩、得志發達之時、不思報答父母者、人皆明爲忤逆、何況人類之衆、自神天上帝賦靈生化娘胎以至蓋棺之日、無一時刻、不沾神天上帝保養之恩、而人類不思答謝、乃去答謝那些無知識的神佛者、豈無罪哉。斯即人類所謂善事者、却不知正是大惡之事也。又推論那些做生理爲書坊店舖之人、發賣書籍、售賣四書五經各樣之書、以及諸史百家之典、固是正經生理、但兼賣那邪婬小說、謊唐小傳、與及婬詞艷曲、若賣這樣小書的人、實是教人作惡、誘人學邪、陷害少年子弟不少、雖然不是親口親身教人行惡事、惟賣各小傳小說之書邪淫之詞、而圖利者、此即善中之惡事也○蓋今世之人、若送本勸世好書與人觀看、其雖接授、但過目即毀而棄之、不悅觀看、若買得一本婬詞之書、則志意向慕、終日觀之不倦、專心習讀、欲想效法而即行之、猶恐遲之不及、此無他、因人之心向惡即、易而從善之難也。是以爲人者、善言則可說之、而惡語且不宜講之、何况發賣邪婬小書、教人行惡者、還好去做這樣生意乎。又如鄉愿之士、鄉人皆悅之、惟孔子以之爲害道德之賊、蓋其行爲似善而却是惡、因其凡所作之事、不拘或善或惡、皆不却人之意、惟媚悅衆人之心、庸人不知義理者、豈不以其爲道德之士、孰不知正是害道德之賊也。故人生斯世界之中、凡事專心細察而試之、勿謂衆人皆好之、而我獨却之、違逆衆人乎。然雖衆人好之、但事不合於眞理者、雖違衆而亦必不可從之、故曰、以誠意自脩、以聖智敬認神天上帝之何爲好事、何爲喜悅之事、何爲行全神天上帝之旨意矣。且勿行於凶人之道、乃更避之、於是靈魂之生命、將得穩焉。行聖智之路、而脚亦不致失跌也。因現在之人、不論事之邪惡、若有一人作之、或偶然有些似靈應的、衆人即跟隨而爲之、衆人悉行之、無人肯改之。是以有人專心破費錢財而行惡事的、亦有圖利而爲惡事的。費錢財做惡事者、莫甚於捐銀修造廟宇、裝塑各神佛金身、及拜各神佛之像、圖利爲惡者、即是做廟內司祀之輩、及師誣邪術、與發賣各樣邪書婬詞艷曲之徒、只顧圖利爲樂、不思害人之德、蓋世上似善實惡的事、不知多少、不能勝記、不過略提數端、以證其餘之外、夫圖利行惡、猶有貪謀之心、但費錢財行惡者、眞愚之至、蠢之極也。斯諸所論、特爲似惡而善、似善實惡之事而發、惟冀智者、倏然改悔之、凡事選擇而取之、豈獨徒然從衆、則可爲之上智者哉。正是下愚不移之至、所謂不患人之惡、患其知惡而復行之、不能改惡而從善者矣。

論蒼天厚地及萬物於世盡日被火燒毀

聖經彼多羅下篇三章十節

彼多羅曰、神主審判之日將到、如賊在夜、上當時天以大聲將消、日月星以大熱將鎔、地亦與凡被造在其上者、將被燒矣。

彼多羅係救世主弟子、神主二字、指造化天地人萬物之神主、宰宇宙內全世界之人物者、亦稱神天上帝也。審判之日者、言世界上萬國之人、死了之日、肉身歸地、其靈魂離肉身而出、入來生之時、必定受神天上帝審斷而判之、為善者判之受賞、上昇在天堂享嗣常生之福。作惡者、即判受罰、拘落地獄、受永遠之苦、蓋審判有大小兩次、第一次小審判、係世上不拘何處之人死了之後、靈魂卽離開肉身、瞬息之間、神天上帝就審斷其一生之事、或善或惡、卽判定賞罰之、第二次大公審判之日、在於天地萬物被火燒毀、世界窮盡之時、萬國內所有各代善惡的人屍身皆復活、與靈魂結合、聚集在於一處、聽候救世主耶穌、逐一審斷、之善者賞其更加福、惡者罰其永受苦、這是善惡之報應、大賞大罰之日、因彼多羅深得啓示之意、固知這高天厚地、廣大精微、奧妙無邊、生載萬物之中、消長不測、盛然不絕、雖知如此、無極之美、亦知必有窮盡之日、但神天上帝獨啓示人知有此日不令人知知在何朝代幾至正如俗人常說云夜夜防盜歲歲防饑之意且富戶之家常時知有盜賊想來偷竊其的財物但不知盜賊在於何日那時而來故夜夜醒守防禦則不懼盜賊之來若放肆無憂不慎防守必受盜賊之害也○又耕稼之人亦知年歲有豐歉未必歲歲是豐年節儉者積蓄米粟預防若有荒年則無饑餓之憂但愛奢侈濫用者若遇荒歲之年則饑饉之至餓在其中矣蓋於世界窮盡之日亦然固知將來確實必有之事但時未至亦不能預先得知惟智者修身積德

以待之、存心敬畏神天上帝之命、信從救世主耶穌、代贖罪之
恩、倚靠其功、仰獲諸罪之赦、若有了這樣信善之德雖遲速疾
然而至、亦無防礙矣。苟無善之德、又不遵神天上帝之命者、其
禍眞無窮之至矣。蓋論及該日該時、無人能知之、天上之神使、
亦不能知、獨神天上帝知之、定了不易之日、且到斯時、神天上
帝令神使以號筒發一大聲。則天搖地動、登時青蒼之天、被大
火燒毀而消敗、並日與月、及所有之星宿、颺時被大熱即鎔化、
又地上凡所有形之物、最華美的宮殿樓臺、寶貝珠翠、金銀銅

鐵及山上的禽獸草木海內的鱗介螺蟲大小精粗一概悉然燒毀天上日月星宿燒變爲灰地面嬌艷美惡之物亦化成煤而萬國內未死之人忽然將變爲復生之身在須臾瞬息之間號筒大聲響作萬國已死之人善惡之屍在墳墓之內或在海底之中一齊復活而起卽與靈魂仍然結合被神使拘伏在於一處恭候救世主耶穌復審斷賞罰之於彼日所有如此之人在世上的時節自恃驕傲之心昂眼高尙奢侈自大不肯尊敬神天上帝爲主不信救世主耶穌代贖罪之恩偏要去拜各樣

菩薩神佛之偶像、及那些好嫖娼、好邪色、好姦人妻女好男色、好自婬、好偷竊、好擄掠、好欺騙、好詭詐、好假哄、好強取、好邪術、好賭博、好慳悋、好挑唆是非、好勒索、好爭鬪、好兇殺、好酒好食、等、均判定押入永火之湖、受至極無限之苦、若到了地獄之內、永火之中、絕無一線可生之路、求生不得生、求死亦不能盡死、欲望靈魂散滅、亦不能得散滅、乃悔想前生燒了許多元寶蠟燭、常時以三牲酒醴、敬拜各菩薩神佛、望他到來保護、亦都不見來護祐、思想生前平日亦沒做什麼大惡之事、乃作了許多善功或者亦能滅此刑罰誰知到了此際件件都不中用則愈想愈苦愈痛愈悲從此以致永遠亦不止息這樣的苦惱如肝腸寸斷世上雖受苦至極亦不能形容之就是淩遲碎剮亦不足比之萬分之一嗚呼哀哉地獄之苦若人不竭力勇猛痛恨惡事而避之者不如沒得生也若固執偏要做惡者難道獨汝不用死乎蓋死之苦人人盡知不能免的請問特意行惡者死之後靈魂能往何方可以逃脫神天上帝無所不在不能罰汝之惡乎都不能也獨有這樣之人生在世上之時日日修身積

德、存心敬畏神天上帝、遵神天上帝聖誡而行、信從救世主耶穌代贖罪之恩、倚靠其贖救之功、可以求得諸罪之赦、專心作善、如此死後其靈魂至天地窮盡之末日、必得判定居在新天新地、享嗣無窮無盡之福、永無憂患、無病無災、時時極樂、世世無遷、沒有休息、樂之至也。夫天堂之福、永樂無窮、雖世上王侯之福、不能比之萬分之一、如此逍遙自在之美樂、人不欣悅尋求之、惟地獄之永苦、這等利害的永刑、而世人偏要縱慾作惡、爭先恐後亂進之、豈不可惜哉。誠因世衰道微、人心迷惑之故耳特將天地萬物窮盡末日之理、及人死後靈魂生活之道、謹言詳釋、驚醒現今在世之人、切宜留心省察、倘或視爲虛文鄙論、則自害不淺矣。蓋人死了之後、世末之日、依聖書所論、獨有這兩處地方、賞罰善惡之人、不是受賞上昇、就係永墜地獄、且世人各反自問良心、孰不願得永樂之福、那有甘心悅受永遠之苦哉。然永福永禍、係神天上帝定命賞罰世界善惡之人、但亦已立了教人該求福之方、與當避禍之道、非獨設賞罰之法、不立該求當避之道、暗設陷害世人的靈魂、徒受永苦、所以聖經語說神天上帝乃係好生之德、愛世人生、不欲世人死、願世人得福不悅世人受苦、況且又特賜神天上帝之子降世、受極苦的死、代全世界之人、已贖了獲罪於神天上帝之刑罰、令世人敬信之、可入天堂之境、常生之路、神風導引之直至永樂、既然神天如此愛世人之極、那肯悅世人受地獄之永苦哉不得已而設之、以明賞善罰惡之公、恩義並行、亦示世人得知天律固不可犯、蓋善惡若在生前死後都無賞罰之報、焉能顯得神天上帝爲公義者哉。苟無公義之大道、這數千年浩大的世界、必定擾亂分爭、怎能得周而復始、川流不息耶。由此推論之、卽知非神天上帝無所不能者、以公義宰制世界、孰能使令六合內運行不窮乎。故善惡之人必定報應、賞罰但時候未到、或有遲速不定耳。卽不報於今世、而死後至來生、亦必報之也。蓋現今世上之人、善惡未定、間或有時賞罰之、則禍福未足稱、惟至死後來生之日、人的善惡已定、故賞罰禍福者、照此公道而加之、足稱善惡之報也。況且公審分明、並無纖悉之差、義案判定、永不改易之旨、誠欲求永福而避永禍者、必要自具猛力、革除一切人欲之私、脫出世俗之惡、存心遵從神天上帝定命之誡、尤要朝夕禱求、神天上帝垂恩恤憐、施賜神風感化惡逆之心、變改爲純良之性、終日存在於斯、念茲在茲、息茲在茲、則庶乎可以改禍爲福、若不能立此志者、乃是自願備便身靈以待死日世窮之時、投入水火之湖、獲受無窮之苦而已矣。豈是神天上帝仁愛好生之德、不施於世人哉、奈何世人自投網羅甘陷永火之湖也。凡有氣血者、豈不爾思、何苦徒害自己靈魂之重乎。本勸世上之人、切不可自恃硬心、被人欲哄騙、到了死後纔來打算蓋有人云今世之事倘有許多不能料理那裡管得來生如此長久之事、只圖現在任意縱欲、樂得快活一生、死了之後、雖燒化爲灰、亦是甘心無憾、這樣人的想法、就是自騙自害、蓋到死後之時、一日就燒化靈魂爲灰、即刻散滅、這樣的苦、何須畏懼、但死後來生之刑罰、係永遠不休息之痛苦、欲死不能得死、愛滅不能得滅、在生前有一樣的惡、死後就要受一樣的刑罰、受了千萬年的苦、猶如起頭所受的苦一般、無了無盡之世、故曰、天地萬物有終窮、永苦無了盡、此之謂也。斯諸奧妙之義非骨肉之人、以愚智推度之言、乃係神天上帝之子、自天降地啓示之義、凡爲賢哲者、切宜三復斯言、虛心理會、默想之、卽勿因文詞粗淺、卽生怒恨之心、遂棄擲之、徒忿無益、反害靈魂喪無了日、所謂勿爲何傷、其禍將長、何不及早思索之、卽回頭慕向善義之道、凜服救世主耶穌代贖罪之恩、更兼愼修善德、則可以免受將來之苦禍、尤可仰獲永樂之眞福、地獄雖有永火之慘、豈能害得存心倚靠救世主、敬畏神天上帝之人靈魂哉。

聖經若翰上篇四章五節六節

論未識神天上帝之人與識神天上帝之人念圖不同

若翰曰、伊等由世間者、故講世間之情、而世間者聽伊等、吾輩由神風、識神者聽我等、非由神者、不聽我等○若翰係救世主弟子、伊等二字、指世界上未識神天上帝之人也○我等二字、指已識神天上帝之人也○若翰說道、統論全世界上之人、有兩樣分別不同、一樣係未識神天上帝之人、一樣係已識神天上帝之人、其未知眞道、未識神天上帝者、只估眼前所見之事為緊、故其之心、日夕思念、獨在財利、功名、衣食、酒色、福壽、子孫、體面威勢等、這各般之事而已、家庭父子之間、亦論這各般的事、親戚往來、朋友交接、均係以這各樣的事爲深交、富貴人爲這各般事而煩惱、貧窮人亦爲這各般事而憂愁、以致富貴貧窮公孫父子、各等之人、悉然以這各般事、常常罣念在心、自壯至老、日夜把這方寸之心、想得無了無絕、亦只爲這各般事而慮、沒有人想到造化天地人萬物的主宰、卽稱神天上帝、日日保養人之大恩、乃該崇敬酬謝之、又並不想到人有個靈魂、內身死了之後、如何賞善罰惡的報應、這樣最關係要緊之事、難得見有人講論之、倘或有人講論有一位神天上帝、原造化天地人、萬物、係天地人萬物之主、創世界的眞元、全世界萬國所有之、人該當崇敬的、又論有一位救世主耶穌、曾經受了極苦而死、贖了世人獲罪於神天上帝之刑罰、敬信倚賴之者、得靈魂之、救、更可以獲享天堂之永福、有罪惡又不肯信之者、必受地獄、的永苦、又論人身內的靈魂、係永遠不死的靈物、若把這各條、最關係的道理、講與人聽、必無人樂心肯聽、或有人聽了、卽戲、笑的、或有人辨駁的、更有人詈罵的、因這各條道理、不是長講的說話、所以不悅人心、是以不歡喜聽之、此無他、蓋世人之心看得地上之事太眞、只估有了富貴長命、子孫衆多、福祿壽俱全、就是至好之極、算得世間稀罕之福、心滿意足、至死之時、亦瞑目安樂之意、誰肯管理什麼永福永禍哉。獨那些已被神天上帝感化其心、得眞經觀看、略明眞理之意、已認識神天上帝之人、則與那未識神天上帝之人、心念不同、蓋其確知實有一位神天上帝、原造化天地人萬物之主、管理萬國所有的人物、故其存心時刻敬畏之、不敢輕慢褻瀆之、又知有一位天來之

救世主代世人曾受天怒苦死、爲贖世人的罪、後復活生起升
上天、爲賜聖神風感化人惡心、而救凡敬信之者、出生前之凶、
死後之永苦也。故此常存這數條最緊要的事在心、不敢須臾
忘記之、生在世上的時、惟知安心崇敬神天上帝、倚賴救世主
耶穌暗助之能、非仁愛之事不敢爲、非合禮之義不敢行、若處
富貴安樂之時、不敢貪歡逸樂而改其志、又雖處窮困不堪、亦
不以爲憂而改其樂、蓋其的心、總不以長命富貴爲福、乃以不
能見的天堂爲榮爲樂、是以略與未識神天上帝者、不同想念

。也如今把未識神天上帝、與已認識神天上帝兩樣之人、略推論之、先將世人爲因何故未識神天上帝之意、詳說、後論人怎麼能認識神天上帝之義、致其未識神天上帝者、可得知而留心尊敬之、勿辜負人爲靈物之責、蓋當今世上之人、所迷惑未識神天上帝爲主宰者、大概論之、有八樣、第一樣、被釋家的和尚妄講佛法無邊、天上地下、惟佛祖獨尊、所有輪迴因果、皆賴佛祖主持生死之權、故世人只估佛祖爲至尊、遂矇昧了靈心、不知有神天上帝爲主宰也。第二樣、因道家的道士、亦妄講玉皇大帝、元始天尊、太上老君、三位神係原始開天闢地之神、所有天地萬物、悉在這三個神掌握之中、又造出風雲雷雨各樣的神因此世人又估這些神管理天地世界之事、遂去奉拜之、則算爲敬神之善功故不知有神天上帝管理世界之事、致未識之也。第三樣、因神天上帝乃係無形無像的純神、且世人未得見過神天上帝之像、只估沒有宰制天地人萬物之主、所有萬物、都想係由陰陽之氣、自然而化生的、故又不識神天上帝造化萬物之能、第四樣、因世人之心、泥於奉拜各菩薩神佛之

類年年月月日日慣造這樣的事又估這些偶像能保祐賜福
與人所以未識神天上帝無所不能也第五樣因各處風俗規
矩家家戶戶所立之神各處鄉村廟堂奉事的偶像人人皆以
爲本等敬奉的又估一年之內人民六畜都要望其保祐之意
故各人都跟隨去拜這些偶像爲世界之神那裡得知神天上
帝爲天地之大主宰治世人之禍福哉第六樣因世上各處之
人從來未有見幾多人崇敬神天上帝年年亦沒有什麼大災
難之事且春夏秋冬四時往復亦運行不息風雨應時而至故

世人之心越加頑逆、總不信有神天上帝、管理天地人萬物之權、第七樣、因現在之人、日日奉事各菩薩神佛之像、亦頗順利發財、各處年歲亦算好時、世沒有甚大飢荒災難之禍、故各處之人、死心蹋地、敬奉那些坭塑木彫紙畫石頭之像不息、殊不知神天上帝容忍之極、不肯敗壞世上之人、乃更施恤憐待人悔改、則免受禍、或者時候亦未曾到、所以未降災難罰世上人之罪也。第八樣、因現在之人、不肯追本尋源、察究道理、都係彼此相觀、不論善惡之事、只跟隨俗人行之而已。少年者、跟着老年人而行之老年者、跟那讀書人行之、而不敢違逆然、在讀書人之中、那明白書理者、只顧獨善其身、不肯輕易與人辨理論道、那些半明半暗者、乃掩然媚世、從汚流俗、悅人歡喜、圖人贊美、若有跟隨學其之樣者、受害無窮、所以各處的人、彼此跟隨學樣、越作越迷、遂至弄出無數神名而拜之、那裡有幾多人推想無形無像、神天上帝尊敬崇拜之乎。蓋世界上之、人因有這數樣矇昧之事、橫踞於胸、根深蒂固、雖有神天上帝之眞道奧妙奇文、講出神天上帝永生常沽、無所有而不知、無所不在、無所不能、日日保祐養育世人無窮無盡之大恩、亦難有人卽時敬信、只因其心思見聞、悉是那些假神邪妄之事、滿溢心中、那眞道正言、焉能得進其心哉。若有人講某處有個菩薩、十分靈應、有人誠心去拜之者、必定順利發財、所求之事、必得如意、則人人傾耳靜聽、卽速尋訪這新菩薩在何處地方、快去拜求之、欲想其保祐快發大財之意、因這樣虛事、人所易信、且人人亦想快快發財、是以忻悅之至也。若講及人要獨崇拜神天上帝、原造萬物者、人有個靈魂、該信賴救世主耶穌、必求得諸罪之赦不用落地獄受永苦、把這樣確實的眞道詳講、則人甚惡聽、之必厭之極、心中甚是不悅、必反辨駁、云誰人得知這樣的事、有誰親眼看見死後的報應、都是邪教之道理、現在世人之上、尚有許多事情、也不能管得到、有誰理論什麼神天上帝、什麼救世主、什麼叫做靈魂、這些杳冥糊塗之事、只可欺騙婦女小孩子之輩、若係有志氣之人、必不信這荒唐之事、像這樣辨駁、何能得明白認識神天上帝、為天地的大主乎○然非實在不明、只因心內滿於利欲、故不肯信之、不悅聽之、不愛聞之、是以日日雖獲神天上帝之大恩、而亦不識神天上帝、給萬物養育世上之人也、至於那已認識神天上帝之人、亦非其之才能推度而認識之、蓋其先知省覺自罪之多、虛心自下、固知實係罪惡之人、不敢自大、是以獲得神天上帝感化之恩、而以眞道數樣奧妙之意、醒覺其心、使其知識神天上帝定命之意、要人切宜該行之事、至死亦須固守、不可違逆神天上帝之命、第一樣以神風先啓其心、令其知覺罪惡之多、而生求赦望救之心、更令其知肉身之內、有個靈魂、永遠不死的靈物、且肉身死後、亦有永福永禍關係之重、遂令其生懷想尋救靈魂之道、惟恐遲延則不及也、第二樣、令其知救世主耶穌、曾代世人贖罪之恩、信之者可獲罪之赦、有罪惡不肯信之者、必受永禍、而失靈魂之救、即感動其心、必要敬信救世主、求獲諸罪之赦、仰慕死後來生永樂之福、懼怕永遠之苦禍、第三樣、令其心內光明、觀看宇宙內所有之萬物、晝夜滋生繁殖、衰長不息、四時運行不輟、風雨應順其時而至、這些生化奧妙不測之事、非是自然變化之理、乃想必有一位神天上帝宰制管理之、因此察究眞經之書、默想乃識是神天上帝造生變化之能、管理宇宙內之世界者、卽是神天上帝、無所不能而主治之也、第四樣、其心既開、已識神天上帝、日日盛生萬物、養育世上貧富之人、又遣救世主耶穌自天降地、受難受死、替代世人贖罪、都為救世人之靈魂、這樣大恩大德、誰能追想得到、既明知神天上帝發出這無可限量之恩、仁愛世上之人、因此存心時刻尊敬上主、恆守眞道之言、不敢行於姦婬壞滅之路、惟謹身克己之惡、脫出世俗之風、從此死於詐偽邪惡之事、復生善義之心、因不甚圖謀世上虛浮之情、以致世上之人、不喜歡之、或恨惡之、或暗害之、所以說敬識神天上帝之人、與役事魔鬼之輩、可以容易明白分別之、凡泥於世間之情、不信救世主耶穌、不懷仁愛之心行善義、並非屬神天上帝之人、蓋伊不愿聽神天上帝之律、惟悅聽邪道怪誕之情、或有眞道之言、勸教人行正路、獨事神天上帝、敬信救世主耶穌、望得死後靈魂之救者、人則弗聽之、因心目未開、致不見眞道之妙、正如瞎眼之人、不識路途、求人指示、雖有告訴其知當往之路、就在目前、但其雙目不見、欲往前走、亦覺得

行之不易非道路不平因其不能見路故爲難也。夫世人未識
神天上帝不悅眞道者亦然非眞道難明神天上帝難識惟因
世人心內之目矇蔽不開以致視而不見聽而不聞故難從難
行倘肯自開心目則視而明聽而聰必識神天上帝奥妙之旨
知眞道當行之義怎柰世人緊閉心目識恐知覺自罪不能更
復爲惡豈不痛惜哉。然人既生天地之間不該自害若此應該
勉力啓開心目觀之何爲禍何爲福禍者順人慾從世俗不信
耶穌此之謂禍之源也。福者認識神天上帝遵守眞道敬信耶

穌存心爲善者、此之謂福之道也、斯二者、由人自取之、永福永
禍、亦由是而賞罰之耳。且人在世間之上、若一日沒有飲食衣
物需用、誠甚難過光陰、倘若神天上帝、一刻不施保養世人之
恩、則世人亦難得生活矣。只因世上各處之人、迷於世間之俗
務、日日慣受神天上帝保養之大恩、不覺得係希罕之事、各人
都估係自己能把持生命、不是神天上帝保護滋養之意、故有
人倚恃自己才能、或有人賴着自己財帛、或有人倚靠自己產
業、或有人恃賴生意旺相、或有人恃自己事業、然大概人人都

係賴各神佛菩薩保庇者多是以各有各恃致不肯認識神天上帝爲主宰之活神殊不知人雖至尊至貴至富之極至多產業至能幹之人倘若神天上帝割斷了生命的氣三寸氣絕了之時卽沒絲毫之用故世人不肯認識神天上帝者若魚不得水似船無舵焉能得生得走之哉雖生於世上但所行者不知當行之道路亦是在地獄之途而走也由此觀之前已未識神天上帝爲管理天地人萬物者今看此書既得而識之則宜存心崇敬之不可須臾褻瀆輕慢之可也又知自己靈魂如此寶

貝之重、則當盡力驅除惡慾敬信救世主耶穌、代贖罪救世之恩、肉身死後、依賴其功、必得靈魂之救、然人果能用力謹守持身、不入污世之流、痛改自新、始終自慎、不移其志不易其心、豈獨今世身靈獲安、即至死後來生、其靈魂亦有無窮之樂、是以未識神天上帝之人、固當默學而尋求、既識神天上帝者、更當窮究神天上帝賜人無限量之恩、悉係白白施給與世人享用的、故世人崇敬獨奉事神天上帝者、亦是本分該當的事、沒有什麼不應當的、蓋世人就是奉拜那些木彫泥塑神佛之像、尚要破費許多錢銀、況且那些神佛之類、乃係死物的東西、不知不問的蠢物、不能聽不能見的偶身、焉能加得禍福與人哉。豈不見在荒山曠野之內、那些古廟神佛之像、倘若在廟中無人打掃管理之、必定數年之間各神佛之像都廢毀自爛、或被白螞蟻所食、或做耗鼠的窩穴、彼若是真有顯靈之能、爲何不能自保其身、豈有自身不能保者、仰能庇祐奉拜之者乎。這是顯然易見之事、奈何舉世之人、皆迷惑於各坭偶菩薩之像、不問什麼來歷、但有人去拜之、衆人即跟隨去拜、不奉拜之者、心亦不安也、却不知那奉拜之者、猶如去拜這些死泥壞木一般、那有癡愚若此之甚哉。惟有崇敬奉拜神天上帝者、不用破費錢財、不過要人以全心全靈尊之敬之畏之拜之而已矣。謂何世人之心不肯情愿敬拜之、甘心悖逆神天上帝、其故何哉。一者、因世人之心迷惰於各菩薩神佛之像、日日慣於奉事之、又估這些偶像有靈感、不敢捨棄之、二者、只因世人之肉眼不能得見神天上帝之像、故云沒有神天上帝、管理全世界衆人物、却不知眼雖不能得見、惟能全心崇敬之者、比肉眼所能見之神像更親更近尤靈應也、因神天上帝、非比泥塑木彫之像、拘在一處、不能動移、乃係無所不在、無所不知、無所不能、無福不備、常在人心中、凡誠敬之者、依賴耶穌之名、必獲保護庇祐、之生前、令人心常足、死後賜靈魂亦得樂、是以反覆推明、認識崇敬神天上帝之意、凡有血氣者、莫不尊敬之、幸勿自謂不見神天上帝之像、即說沒有神天上帝、不思崇敬之、如此者、自取滅亡之永禍、既有人之形樣者、慎宜省察之、或能改禍爲福、不致永失靈魂之救也。

聖經創世歷代書

第四章全旨

蓋亞丹交認其妻依活、遂懷孕而生一子、名喚加因、且曰、我由主已得個人也。後來依活再受孕、又生次子名喚亞比利、夫亞丹兩個兒子長大之時、次子亞比利為牧羊之事業、且其長子加因、為稼穡而耕田也。日久之後、加因以地所生之穀奉獻與

神爺火華、亞比利亦以己羊羣之初生、並羊之油奉獻與

神爺火華、且神願接亞比利獻己之物、但加因之獻物、神無悅

顧接之、於是加因怒氣大發、及其容貌下落、神爺火華責加因
曰、何由爾發怒、何由爾容貌落乎、爾若行善、豈不受接舉乎、然
爾若行不善、罪乃在門矣、其欲向爾、且爾將管之、蓋加因對其
弟亞比利講話、時而既在田、忽起攻弟之心、遂即殺之、神爺火
華責加因曰、爾弟亞比利係在何處、對曰、不知、我豈係我弟之
守者乎、神爺火華曰、爾行何情、爾弟之血聲由地呼到我、今從
爾手殺弟之血、地所以開口爲受、兇者爾耕田之時、則坭不出
給其力、且爾必將爲七人及匪、在地上也、加因對神爺火華曰、

我罪比我所當得起係更大、夫今日爾驅逐我出由地之面去
並由爾面我必匿避、我將爲亡人及匪地上、則將來各遭我者、
要殺我、焉神爺火華答之曰、故凡所殺加因者將必報讐之七
倍、且神上號在加因、以各遭之者不可打死之、加因則退出神
之面前去、而居希但東挼得之地方、後來加因交認己妻而受
孕、乃生以諾革、蓋其建造一座城、而照其子之名呼此城爲以
諾革城也。且以諾革生有之子名以拉得、而以拉得生之子名
米戶耶勒、蓋米戶耶勒生之子名米土撒勒、且米土撒勒生之

子名拉麥而拉麥乃娶兩妻其正妻名爲亞大次妻名爲洗拉蓋亞大生之子名喚牙巴勒其爲在各帳養禽獸者之祖牙巴勒之弟名喚於巴勒其爲各彈琵琶吹風簫者之祖又洗拉亦生有子名喚土巴勒且加因乃教其做各銅鐵之匠而土巴勒之妹名爲拿亞馬且拉麥謂其兩妻亞大與洗拉曰爾洗拉之妻聽我言聞我聲我殺人以致自傷並殺幼以致自害若加因之報讐爲七倍則拉麥之報讐將爲七十七倍也

○蓋亞大麥再交認已妻而生之子名喚西得曰神爺火華置與我別種代加

彼上四章十七節

因所殺之弟亞比利且與西得其亦有生子而呼其子之名以挼士當時人始禱求於神爺火華之聖名也。

聖彼多羅曰、蓋時候已到、於是審判必在神之家而起、且若是在與我們而起、伊等不順神之福音、將有何終乎。

聖彼多羅說道、蓋眞經福音之聖理、本來存在我們如氏亞之國、我們以色耳之祖宗、各代子孫奉行遵守、獨尊敬崇拜天地人萬物之大主爲神、即神天上帝、係我們之天父、恆守其各誡律、因相傳日久、所以我們各世代之人、漸漸跟隨各國奉拜各樣偶像爲神、不肯全心獨事天地人萬物之大主、在當時神天上帝屢次降災難警責我們各世代之人、或令別國攻勝我們本國之人、擄掠我們本國之人、往到別國爲奴僕、我本國之人受苦壓之際、悔改惡逆、轉回心歸向祈求神天上帝之時、天父亦恤憐赦免我國人之罪、救我國人回本國、但我國人惡心偏向、到底終不能專心獨事天父、以致受了許多災難、都是如此、迨至救世主降生長大之時、親口教授我

彼多羅上四章十七節

本國之人、且斯時我本國之人、因受迷惑矇昧於心、難得多人信服救主之道、不過十分之一、從之、其餘之人、不肯信服救主之道、這也罷了、遂因救主過於恤憐我國之人、諄諄訓誨、反觸衆惡逆之心、却把救主百般凌辱、釘死救主在十字架之上、斯惡黨以爲揚揚得意、害死救主耶穌、殊不知神天上帝隨由惡黨之手、成了受天公義之怒、替代受死贖罪之功、且救主之肉身、雖然被他們害死、但救主有全能神之性、死了三晝夜、又復生活、居住地面四旬之久、親口再三教授各門徒、洞明代贖罪之、意令各門徒往各處宣傳致人、後乃仍昇天域、救主昇天之後、各門徒蒙獲神風之德、遂各遵救主之命、卽往各處宣傳救主代贖罪之道、所以彼多羅勸敎其本國之人云、如今救主已經降生、代世人受天義怒、當了各般苦難而死、贖出世人獲罪於天之罪、世人獲罪而求赦者、卽此時也、且代贖罪救世之義、本由我們國中而起、凡屬我以色耳之人、可卽悔改前愆、獲接代贖罪之恩、求得諸罪之赦、蓋彼多羅當時雖然如此宣示、亦不過僅有些小之人信從、但那惡衆不肯接受此恩、反加陷害各門徒也、是以恆滿其罪、致受上帝以重災刑罰各惡黨之人、後來連此國亦全敗壞、至今亦無此國、雖有些流散於各國之中、亦被人欺壓、蓋此國係古時神天上帝特選存留眞經之聖國、亦如係神天上帝家內之人、蓋其雖識眞經之奧義、知神天上帝之旨意、但此國人徒知上主誡律諸義、惟不能遵守奉行、以致終不免刑罰之誅戮也、且神天上帝特選之國、亦如神家之人、因此國之人、不能恆心遵守誡律而行、尚要受刑罰之誅、故此如今各處之人、凡得眞經福音之道傳送至該處者、切宜遵順敬信救主奉行之、不獨心靈得安、而且至來生亦有永樂之福、倘或不肯奉信之者、亦不能獲免刑罰之誅、彼多羅獲蒙救主傳授啓示之智、洞明代受死贖罪之大恩、是以遺傳眞言教訓通天下萬國之人也。

勸世良言卷九

1860. Sept. 18.
Gift of Rev.
Andrew P. Peabody,
of Cambridge.
Class of 1826.

聖經使徒行篇

第十九章

蓋亞波羅在可林多時、保羅既遊上方、又至以弗所、遇數徒問之曰、爾曹敬信福道之後、領聖風否、曰、我輩連有聖風否、未曾聞曰、且因誰已領洗乎、答、領若翰之洗、保羅乃道、若翰果施悔洗、教民必信向於其後而將來者、卽耶穌基督也。伊等聞此、遂因救主耶穌之名、領洗、保羅乃置手其上、而聖風臨之、卽講異音、預指後情、其人大約十二、保羅又入會堂連三月直講、論而證神國之情、然因有硬執不信、又在衆前咒詛救主之道、保羅離之、揀徒而每日在土拉撥之書院、辯論如此、連二年、致衆居亞西亞、及如大與異民、輩皆聞救主之言也。神又以保羅手多行非常之靈跡、致衆取其身上之帕巾、與半圍巾、置於病輩之上、其病卽退、惡風亦出焉。有數如大人、亦探呼耶穌之名、猶逐魔輩、却被邪風等勝之上、曰我爲耶穌保羅所宣命、爾等如此行者、乃如大祭者之首、名士其瓦之七子也。邪風答之曰、我識耶穌、知保羅、爾等乃爲誰、既被惡鬼之人跳其上、執勝其人、致帶傷赤身跳出其屋也其事彰揚於衆以弗所與如大及異民致懼落衆而救主耶穌之名大行且信從福道者多來認告已諸業而素從妄術者多送邪術之書焚於衆之前其價約計遇値五萬塊銀錢如此神之言大行而日勝成斯以後保羅從神風默示定經馬西多尼亞與亞皆亞而往耶路撒冷之意道至彼以後亦該見羅馬遂於役己之中選弟摩氏及以拉士土二人往馬西多尼亞而自暫畱於亞西亞彼時爲此道遭大聳動蓋銀匠名氏米氏利阿素行太亞拿之銀廟而大施利於諸匠

召衆作工匠之類皆集曰、爾衆人知此藝爲我等生利、今爾等已聞、不但以弗所乃普亞皆亞之方、惟此保羅播言阻當衆說道人手所做者、不爲神也○如此、不但我們利益之分、將危卽太亞拿菩薩之廟、亦歸於無物、其威嚴全亞西亞、與普天下所敬者、亦將敗落、衆銀匠聞此、滿心惱怒、卽起喊呼曰、以弗所太亞拿、聳動滿城都亂、一擁拉哀阿士與亞利士打古、偕保羅馬西多尼亞之二人、趨往臺場、保羅欲投民中、諸徒不許、亞西亞數尊貴人、素爲厥契友、亦差人請之毋投於臺場、衆吽喊不一百姓甚亂、而半不知其集之故、如大人擁推亞勒山得脫出衆、亞勒山得以手示衆嘿、其欲分明於衆、但衆認之為如大人、齊心越喊呼、以弗所太太亞拏幾及二時、書吏卽息衆曰、以弗所衆乎、誰人不知以弗所邑敬女菩薩太太亞拏、及自主比多耳下之偶像乎、此既明於衆、爾等該安息、不可造次、此二人未偷廟之物、未褻瀆爾女神、且爾等帶至此、若氐米氐利阿與其等工匠、有所告者、有市會、有代督、可相告、若另有別事、問公會可決斷、蓋今日吾怕遭亂責、因無所歸此亂集之人矣。言此畢、

乃遣衆散、

聖經以弗所篇

第六章

聖保羅曰、為人子之輩乎、汝等孝順父母、如於救主、此乃義然也。孝敬父母、此誡最先有許約、以汝等得祥、而享高年於地也。且汝等為父輩乎、勿惹爾子之忿慍、乃養育之以救主之學法而責也。為奴僕之輩乎、汝等遵順爾身之主、以畏以驚、以爾心之樸實、如遵順基督、非但眼前事之、似欲取人之悅、乃似基督之僕、專心行神旨、以善意服役、如役事救主、非惟人、即知各人不拘僕主、將受所行善惡之報也。且爾等爲主輩、待伊等亦然、免嚇汝等、須知爾與伊共一在天之大主、不分彼此者也。若餘列兄弟、汝等當因救主且厥德之力、堅毅、執着神之全軍器、以能立住敵魔鬼之詭計、蓋吾儕戰鬭、非與肉血、乃與羣宗羣能、與此世黑暗之長也。與空中惡風、是故汝等當持神之全武器、以能敵於惡日、而保全立止、是故立止、以眞帶爾腰、着義之遮胸、爾脚着福音之准備、而凡事先取信之牌、以能滅極惡者之衆火焉又戴救之盔與聖神之刀卽神之言常時求於聖風以諸祈禱於斯醒恆懇求爲諸聖且爲余以得受啟口之言敢宣福音之奧義緣此余奉差於鍊以致敢宣該言然也若汝曹得知余所行等細情極愛弟士其古救主之忠吏皆將報汝等余特是差之以報爾等知吾情以慰爾儕之心也平和仁愛與信及諸弟兄由神父由救主耶穌基督也衆所誠實而愛吾救主耶穌基督者得恩寵亞們

聖經弟撒羅尼亞篇一書

第五章

聖保羅曰、論時刻者、列弟兄乎、不須吾以是書指爾曹、蓋余自極知救主之至、如盜賊於夜、伊等既云寧靜、其殄亡方落、之似痛疼於姙焉、卽無所逃矣。列弟兄乎、汝等不在暗中、以致彼日如賊掩爾、蓋汝等皆係光之子、晝之子、吾儕弗屬夜暗、是以吾輩勿學餘寐者、乃宜醒、宜廉節矣。蓋寐者、夜寐也、醉者、亦夜醉也。然屬晝輩、宜廉節、宜衣信仁之甲、與望救之盔、蓋神非設吾輩以遭其怒、乃以吾等仗救主耶穌基督之得救矣。夫基督已

、死欲吾輩不拘窮痳者、與之偕活矣。汝輩則相慰、相勵、如亦行
、焉吾儕請羣弟兄認識效勞於爾間、長理迪訓爾等於救主者、
須愈盛敬之、為其功於仁者、故爾等宜相平和矣。又吾請列弟
兄責詠妄動、悲慰怯劣、扶軟弱、忍待衆、愼勿有以惡酧惡者、乃
從善背待而待衆矣。汝等常喜、祈禱勿間、於凡事謝恩、蓋神欲
汝衆因耶穌基督務此矣。汝等勿息求聖神之德、勿輕慢我先
所說之言語、凡事汝等試之、而其善處持守之、凡似惡者、汝等
戒之、且吾願平和之神、全聖爾曹、以致汝等之靈、魂汝等之聖

風及身、渾存無玷於救主耶穌基督之臨格也召汝等者、乃誠信、其亦將成矣。列弟兄、耶請汝輩爲吾祈禱、相致意弟兄們以福、安余爲救主求爾等使此書讀與諸聖、弟兄吾救主耶穌基督之恩寵、與爾等偕、焉亞們。

論人不可自誇爲明日將來之事

聖經者米士篇曰。休爾等稱今日或明日。我們要去某城。在彼住一年做買賣得利。惟爾等不知明天有何。爾生命是何耶。却是一陣氣現些時而卽消去。

聖經者米士篇四章十三四節

救主使徒者米士說道、世上之人、終日千思萬慮、算長度短、戴月披星、奔走勞碌、都謂營謀獲利、遂至無所不為、居此不利、則謀算往彼、在墟場市鎮不順、達即要躊躇到城中買賣、欲獲大利以遂心愿、故在陸程去貿易經營者有之、或以船艇在海面謀獲利息者亦有之、紛紜擾攘、議論不休、今歲某方大利、要做這樣生理、明年某處穀米豐登、要辦那樣貨物、只為貪圖大獲利息甚至費力勞神、寢食不安、聽了一千、又想一萬、聽了一萬、又想十萬、這圖利之心、誠是無時休息、殊不知人之生命、如烟氣一團、現見雖在眼前、但瞬息之間、不知消散於何方去矣。蓋世上有許多人日夕謀算之利、尚未得見、而死日忽然就到、管你願死不願、生命即時斷息、離陽世而入陰間之境、豈不是常言道人無百歲壽、枉算千年事、此兩句話似屬平常、但其意義極深、只因世上之人、皆溺於利欲之上、心迷意惑、不能省察義理、勢必要兩脚挺直、然後纔能有止息之心、且人生斯世間、一日若無錢銀所用、焉能過得、但不可獨為肉身衣食孜孜謀慮之耳、尚有比肉身更緊要者、即人肉身內之靈魂、管理肉身四肢百骸之事、苟不能善養之、乃有永遠禍福關係之重、蓋肉身衣食所需最長久不出百年之外、何故世上之人以輕爲重、把其重者以爲輕乎。此無他、因世道衰微、以利爲義、故爾如此也。是以者米士特發此意、提醒世人之心、不可獨妄求財利、以遂私欲、乃宜孜孜爲善、寶養靈魂、則生安死樂、豈不愈勝於獨謀利者哉。

論人該賴神天上帝知足度日

保羅曰、夫虔孝果係大利、於知足、蓋我們毫無帶來此世、豈

無能帶去弗可疑也且有飲食有衣身吾以之爲足矣

保羅說道、世界之上凡有虔孝之人、安貧守分、存心崇敬神天上帝者、心氣和平、明經識義、權宜得中、在貧窮之時、雖衣食不給、亦有餘歡、不因貧寒而改其志、即身居富貴豐足之時、則樂道行善、謙躬禮下、節用愛人、忍辱處衆、不以驕奢傲慢欺人、必以雍容歡悅交接人也。夫人苟不守分知足者、貧窮之時、定然妄意糊爲、貪心亂想、常懷忿恨之意、見人財利順達、則心中妬忌不已、自己窮困、即怨天罵地不止、終日獨想、得富足之心、不思安分守己、這等之人、只因胸中淺窄、常懷不足之心、是以不能有安樂寬裕之意、獨想富足、財多則算爲好也。又其富者、財帛豐足、逸樂自娛、驕奢之心、漸次而起、乃見那些有功名及做官之人、其則心內自想、我雖財帛豐足、但無功名之貴、我雖富亦、無何體面、怎比得那富貴爲官之家、車馬紛紛、出入何等體面、於是又要謀算功名、必定要富貴兼全、子孫衆多、其心不過纔略得定、還有許多不足之意、大概論之、世上之人、貧者欲富、而富者又欲貴、終日把方寸靈心、想得無窮無盡、把這肉身、弄得奔走勞碌、只因心不知足、遂至自受卑辱、把這數十年虛浮之事、而時刻思忖不休、殊不知孰能帶分毫錢財來世、又誰能帶得毫末錢財過此世去乎。所以人生在此世界之中、不論粗棉蔴布、但有衣身便好、亦不論蔬菜茶飯、惟得腹飽就是、蓋榮華富貴、轉身卽空、焉能有益於身後之毫末哉。

論救主降世救拔悔罪改惡之人

聖保羅曰、蓋基督耶穌降於世界、爲救拔罪人、我最先在其間、余乃獲慈悲、因基督耶穌以我爲最先、以示其全忍、特爲

聖…弟摩氏第一書一章十五節

將來信輩之模、以獲常生矣

保羅曰救世主耶穌、本是神天上帝之聖子、至尊至貴至榮威、之極、乃因全世界古今之人、干犯天律、獲罪於神天上帝、故神天上帝要敗滅全世界之人、是以救世主耶穌、知此非常大難、乃發慈悲之心、垂憐全世界之人、捨至尊貴之位、親自下凡投胎降生、出世取人之形樣、先以眞道福音之義、宣傳教訓世界上之人、感動世人之心、引導人歸於正道之路、勿走入沈淪之門、至終則情愿受百般悽慘的苦難、而死替代世人獲罪於天之罰止息神天上帝之公怒救脫世人出魔鬼引人作惡之手拔出陷罪之中蓋救世主耶穌原有神之妙性死了三晝夜仍復生活再昇天堂以使凡知罪過敬信救世主耶穌遵從眞道而行者倚靠救世主耶穌代贖罪之功必得諸罪之赦死後亦得靈魂之救故保羅說云基督耶穌降於世界救拔罪人我最先在其間獲救也因保羅乃係最有文墨之人初時恃其才能總不肯信從救世主耶穌代贖罪救世人的道理反去捕害凡敬信此道理之人後來救世主耶穌自天空白晝顯現收服其

心感動其志命其爲使徒之職將救世眞道宜傳於各國當時保羅即甘心遵命如今各國得知斯救世眞道之理者多賴保羅愛救主之心苦勞宣傳之功是以保羅每寫經書勸人亦提及其自己之事使人得知凡肯悔罪改惡敬信救世主道理者不論人罪惡多少神天上帝亦肯赦宥之蓋保羅初時雖然不肯信服救世福音之道但其後來受感化之後專心播傳救世福音之道雖受諸般苦楚艱難之極被人捕害至死亦甘心樂受不發怨恨之言不懷懊惱之心獨恐不能盡其本分之職所

以雖在縲絏之中、尚不以為辱、乃更用心作述許多救世眞道之義、反覆申明救世之意、保羅之功德、誠超出各使徒之上、然保羅尚懷愧恥之心、不敢稱揚自己宣道之德、故至今凡敬信救世主道理者、皆頌揚其功效、法其自謙之德也。

可羅所書第三章註解釋義 此章之書、乃係保羅為使徒之時、將經典之旨、申明其義、寄至可羅所地方、勸教凡已敬信救世主道理之人、警戒伊等勿獨嗜味世福、乃宜玩味天上之永業也。

保羅曰、是以汝輩若與基督同復活、宜圖在上之基督坐神右之情、此保羅說道、你們可羅所之人、既已信從耶穌基督之道、知眞道之奧義、亦該學基督一般、死而又復活、蓋基督受死者乃為代世人贖罪而受死其又能復活者因有全能之神性復活再昇天也你們效其死之意者死了各般惡欲效其復生活者生活靈神之善性而行各般善事且圖謀怎能得與基督同坐於天上之情立侍於神天上帝之側永遠讚頌之至於無窮無盡之世也。

汝宜味非在地乃在天之情

此言你們已為神天上帝選擇之民不可獨嗜味在於地上之事終日只圖口腹之甘而不思想靈魂常久之道即善義之德是靈魂永福之基苟能存守善德而行者則可以仰獲來生無窮之樂即是天上之情無苦無憂無災難之所在也

蓋汝已死而汝命與基督偕隱藏於神之內

此言可羅所之人已聞救世福音之道亦知實只靈魂之時死了此世虛望貪圖世福之心乃獨味在基督之生命至永遠矣斯生命皆與基督隱藏在於神天上帝定命之中而知來生乃有無可限量之美意故你們只可獨味天上之真樂切勿貪重長徃失了永遠常生之真福。

後日吾生命基督顯著時汝必

亦借之榮顯也此承上文而言你等苟能誠心不覊戀於世上之虛樂惟孜孜然仰玩天上的眞福而至來生吾等靈魂之生命亦必與耶穌基督之榮威皆同顯著而欣喜也。今則汝宜死汝在地之諸肢姦淫汚穢肆恣惡慾慳吝卽為役壞偶者此言你們既誠信於救世主耶穌欲圖與基督偕榮顯之樂者則宜在地上之時壓滅絕除諸惡端恐被其誘於身上各肢所易感動人心者卽姦淫之事最容易汚穢人靈苟或肆放而恣惡慾無所畏懼者誠害人靈之至豈可不殺滅此心而遠避之乎且費用錢財亦宜各適其當不宜堅執不肯捨出而偏留不發給與人者亦害人靈之德若不滅此惡心而亦不足以成其德且作偶像而役事之為神向之求保護祐通達者眞獲罪之大端目無眞神之敬愛若不除此悖逆之心而於來生之樂豈能可望得之乎故此各惡端切要死了其心枝其根剪其枝葉不致復萌於心而害你等之德而不能得享眞樂之所在也。因此神將降怒於無順之子輩、此言因你們不遵誠命行此諸般惡逆之事神天將來必降怒刑罰那無順之人之罪決不姑寬而致賞罰之不公也、汝等昔在其間時亦行此、此言可羅所之人未悔罪改惡敬信福音之時亦行此惡逆之事若非神天感化之恩焉能得脫出罪惡之中而獲赦免諸罪特選為神天之民乎、今當棄此諸端忿怒、愠怨、讟讒、穢談、皆除於爾口、此承上而言你等已得神天之恩赦免罪罰而為神天之民只當棄除各般惡端、卽忿怒不可常懷於心、愠怒怨恨不必隱藏於內、怨謗讟讒之念不可生、卽邪詞淫曲及汚穢言談皆除於口、此諸般皆當宜深戒之、醞於心、毋出於口也。勿相謊、乃脫去舊人、並其諸行、而依新人、復整於識、依造之者之像。此言凡上言之惡端、固當滅盡、但謊言狂語、亦勿彼此誆騙之、乃遵守誠命而行、脫去舊日之作為、而依新人之舉動、復修整於本來神天所賦之知識、照着初被造之時之樣、純一無偽、如於于之心並沒奸詐之言也。其前無異民如大有割無割蠻夷西氏亞奴主惟基督爲諸物於諸人矣。此言在神父之前不論異民與如大之人有受損割與未受損割之人蠻夷與西氏亞之人奴僕與家主各人都不分別惟獨屬於耶穌基督者在宇宙之內凡所有諸物皆滿足其心遂其靈魂之志故在世界之上則以四海之內皆爲兄弟一般並無各國之別獨由基督耶穌之恩而作爲物賜於諸人當用因神天至公義者不輕此而重彼以全世界之人皆一家也。爾即如神選聖寵輩宜衣慈悲之腸善良謙遜端正忍耐相當相恕或有所可恕之處如基督恕爾爾亦然也。此言你們既已信從福音之道即如神天特選爲至聖至寵愛之人恆宜衣著慈悲之心爲善良學謙遜行校坐臥切要端正凡事務須以忍耐爲先彼雖橫逆而來吾則平心和氣而當之凡所行作務必推己以及人而相恕之若有人得罪於汝、亦該赦恕之、如基督肯赦恕你等之罪、而你等亦該當效法之、赦恕人之過也。且最先當具仁、爲玉成之結、此言仁者、乃心之德、愛之理、故最要具備於心、而舉動之際、不離仁愛之道、雖造次顛沛之時、亦不可捨去之、乃玉成固結於心、而動容周旋、皆合仁愛之道、則可謂之仁人矣。而有神之和、所以汝蒙召爲一身者、勝躍於爾心而感激焉。此言人之所謂恒信耶穌、而敬愛神天者、則凡所行作、皆當和悅於神、蓋人因已獲罪於天、幸蒙得罪之赦、而宜召爲神天之民者、何幸如之、則自然有喜悅勝躍於心中、而感激至上者之大恩、自有讚頌之念、不能已焉。基督之言、豐居於爾間、以諸智相訓相勸、以詠詩歌靈曲、趣唱心中向主、此言你們既已感恩宣召爲神之民、而基督耶穌救世福音之言、亦欣悅而誦習之、學之不已、以致福音之言、豐盛在於心中、則自能有各般之智、是以往來相交之際、能以之教訓於人、而又能涵養於己、稍有暇日則相勸而吟詠詩文作樂歌曲且以靈心高唱於有趣有味向神主之恩義自有不盡之趣味而心中亦有不能盡之樂矣。**不拘凡所與言行皆因主耶穌基督仗之謝神父之恩也**。承上文而言人既已知欣樂於神天之道故不拘凡所與起而作或所言或所行皆因援世主之聖名倚賴其之大功勞感謝神父之鴻恩也。**婦輩順服汝夫如宜於主焉**。此言為婦之道以貞正為本遜靜品氣奉事翁姑遵敬丈夫順服於禮事之如主宜有相愛相敬之心共同尊崇神天以資善義之德。**夫輩愛汝妻無加之苦矣**。此言為夫之道亦有本分向於其妻者乃宜以正而率之和以愛之勿加之以苦楚慘慘艱難之窮日而自己獨圖安逸之所則為妻者必怨其夫如此焉能有相愛之心是必反目相怨而無家庭之樂豈能得合心崇事神天哉。故為夫者凡事務要正己善德修身以被其妻使無偏僻之心而有相愛之義則同心共事上主日有和悅之美而家庭間之樂則自有不盡之休美矣。子輩全順汝父母、此乃主所願也。此言爲子者務要下氣婉容盡心竭力奉養父母、凡事宜從順父母爲先、不可違逆之、所謂父母有過諫而不逆、如此即是遵神天之誠命、神亦願你們奉事父母者全順服之可也、父輩勿惹子之慍怨以致其心怯劣也。此言爲父者教子之法亦要有善方、勿任己之性而發虎狠之威、嚇唬其子之心、不能有安樂之意、此非教子之善法、乃觸其子懷含怒慍怨之心、以致其畏怯劣弱不伸、雖教以善義之言、亦不能容納受之、故爲父母者以慈愛敎養其子、言誘其子歸正道、勿被邪言異端搖動其心而走於邪徑之途也、役輩全順汝肉主事之、非惟眼前如取人之悅、乃以惇心懼神、此言爲人奴婢家人等已受福音之化、信從於救世主之道、乃要用心服侍肉身之主、凡事遵順家主家母之命、不獨眼前事之如此、而貪取人之喜悅、乃以惇心出於至誠、自然而敬之、猶如畏懼至尊至憐之神父之意而已、發下文詳言之、凡所行宜專心非爲人乃爲主因知汝必將受嗣業之報於主、卽事主基督。承上文而言爲僕者、專心侍奉於家主凡事遵順之者、非獨爲人應該如此而行之、乃爲神主亦吩咐令人之本分該如此而行之因汝等亦知將來必受永福嗣業之報乃由神主之恩而賜之、卽如奉事吾主基督耶穌者、誠爲永福之基業也。蓋施虧者將受己所行之惡而神前無彼此之分。此言不論什麽人等、無理而欺壓人或無故亂毆辱人者、將來必受自己所行之惡而報之蓋在神天之前、不分什麽人之尊貴、獨分別人之善惡而賞罰之矣。主輩乎、汝施役以平義所宜因知汝亦有主在天也。此言爲家主家母之輩、亦有本分向奴婢各人必宜平心和氣看待之、凡事教以義理之方、使奴婢在家有法可守出入遵循規矩而行、更兼或有敬奉福道者、必更以眞道之義導引之、另眼照顧之、使其餘者亦可

古經輯要 可羅所書第三章註解釋義 十五

受化遵從但不可任性暴怒嚇嘑令奴婢愠怨不伸者、則不盡
主輩之本分也故當思在天之上亦有主管者主僕各等之人
是以爲主輩者、以善義律身、守正言行、必使
上下之人各安本分乃合上主之誠命也。

總闢各樣邪術異端

眞經聖典神天上帝、默照感動各先知啓示云、在乎爾等世人
之中、切不可使各子女通走過火中、以此爲敬奉偶神偶像之
意、又不可或爲占卜、或爲望氣看風水、或解夢兆、或做巫婆巫
師之術、或詐符咒、或問鬼問覡問死魂等、欲得知將來之事、皆
虛然、不能救個等自作自召之災難、或學神仙、或窺覘各事嘖

口暗語之類、蓋凡做這諸事、乃在天神父可惡也、此眞經格言、神天上帝默照啟示、令各先知聖人、特闢古今之世、代各處有一類自智之人、因被蛇魔邪神以邪風迷矇了靈心、不由正道之理、不安命守分、自爲妄想、獨尚邪術怪誕之異端、以致如今各處城中墟場市鎭、沿街里巷、擺列各色異端邪術、誘人妄想名利、致令人或迷於看相卜卦求籤、或誘人於風水書符問鬼各類、總總邪術異端、皆係彼此妄想名利、以致受惑迷矇、而不自知、反信以爲確、邪神乃借各邪、術網誘人走入沉淪之路、遂了邪神狡猾陷害人之心、但如今之人、不獨邪神魔鬼誘惑人、即人彼此亦相自惑、所以不分道之邪正、不論事之好歹、皆不辨是非、上行下效、若有人從之、則衆人趨向效由、邪神乘此機際、顯些靈驗、令人死心蹋地追求之、蓋人見有應驗、則亦確信無疑、且如今不繁細論、乃指擇一端而說、以證其餘迷惑之不醒也。即現在各處之人、最尊尚者堪輿風水之幻術、不論士庶人等、總以論山墳塋宅屋宇方向爲先、稍有謀利不遂、或求功名不如意、或有人多妖死者、必求於堪輿論風水之事有錢財富戶之家即請堪輿到祖山墳前觀看、或看房屋門戶、術家借詞迎逢、或說某房屋門戶冲犯、或說祖山墳墓傷破、必要改轉方向、遷移門戶、纔得財利順遂、功名顯達、其富戶之人、不思事情真與假、惟命是依、即改造遷移、不知財利功名順遂與否、皆不理論、即或改移之後、比前時更破財顛倒、總不察究自己善惡行爲、亦不敢查問堪輿之不是、乃自嘆惜曰、由命不由人也、倘或偶然有些應兆、即高舉堪輿之道術、揚傳其名於各處、斯就是富戶之人、迷惑於風水之大概、尚有許多細故、不能盡說、可惜那貧戶之家、雖沒有銀錢餘積、故不能延請堪輿、到家、則俟候富戶之人、請堪輿回家之時、乃委曲躊躇、送些錢財禮物、求堪輿到自己祖墳及房屋門戶、觀看方向、堪輿若說平穩、不用改造方向、其心則安、倘或堪輿說出有甚麼破散傷害之事、則傾盡家財、或與親朋挪借銀錢、亦要請堪輿改換祖墳房屋門戶方向、纔得心安、不論應驗與否、亦不查問本心、總以堪輿之言為確實、似此風水一端之迷惑、深害之極、何況又有以上與經特闢各邪術之異端乎。所以現在之人、不入彼

邪妄誘惑則受此幻術昏迷如此世界者雖朝夕以眞道勸導之亦無如之何也已。故引眞經之義辯闢異端邪術之意警惕世人之心或獲

神天上帝賦賜聖風感化救出迷途改邪妄歸正道遵信救主尊敬上帝則庶免至終不悛沈沒於永苦凡觀斯文者乃宜深察之勿自以爲是者徒害己也。

論世界盡末審判世人之日

蓋此福音必宣傳於通天下以證及萬國而後世界盡末也。故

此爾等凡敬信救主福音眞道者亦宜恆心遵守誡命預備之蓋於爾等不覺之時救主卽來審判世界矣恐爾等旣云寧靜其殄亡方落之似受妊之婦人疼痛焉卽無所逃矣卽末時的列日將有戲笑輩及僞彌賽亞輩與僞先知之輩隨其惡慾而行將起示號以奇迹或可能誘惑哄騙特選敬信救主之人故爾等宜醒蓋末日將到如賊在夜上惟固守救主之眞道常忍耐者乃得救矣惟及該日該時無人知之天上之神使亦不知獨神父知之也蓋於此時全能之神出言而呼天及於地從日

出至日入致可審其地上之衆民也且諸天將示其義斯時行惡者不能當審判之際及不敬畏神父者必被全敗矣蓋神父不審判何人凡審判之事乃以之交託其聖子即救世主也神父施之以權行審判而證其爲

神父所立審判生死者也故救世主將臨時以神父之大榮威同其萬億神使其乃遣各神使以號筒吹之大聲以致集會其特選敬信其福音之人從四風而來從天之一邊至其那一邊也其既擺設審臺時通天下萬國之人皆必至救主審臺之前

以使各獲本身照其所行善惡之報、斯時則有神使展開各善惡之書卷、以令眾不敬畏神父之人可知認自家的惡言惡行、乃使各人之眼必見之、因此萬國之在地之諸族將哀哭矣。於是神使輩將出來而分善惡、救善由惡之中、如牧者分綿羊離於其山羊也。其將置綿羊於右手、放山羊於其左手矣。時救主將語伊等在其右手云、爾等獲我神父之祝者來而享嗣從世之基、備爲爾等之國也。蓋我餓時、爾等給我喫、我渴時、爾等給我飲、我遠人時、爾等給我寓所、我裸時、爾等衣我、我有病時、爾等助我、我在監內、爾等探我也時、義者將對曰、主我們何時見汝餓而養汝、或渴而給汝飲、我們何時見汝遠人而寓汝、或裸而衣汝也。我們何時見汝有病、或在監內而探汝、時救主將語義者曰、我確語爾等、既然爾等行如此替我行此弟兄之至小、爾則行如是與我也。時救主亦語伊等惡者在左手云、爾等咒詛者、離我往入永火、備為爾等魔鬼之使也。蓋我餓時、爾等非與我吃、我渴時、汝等非與我飲、我遠人時、爾等非給我寓所、裸而汝不衣我、有病亦在監內、而爾等不探我也。時伊惡者亦將對曰、救主、我們幾時見汝餓或渴、或遠人、或裸、或有病、或在監內、而不服事汝也。時救主、乃示伊等惡者曰、我確語爾等、既然爾等未替我行此之至小者、則未行之與我焉。爾等可逐去於永刑、惟義者、進於常生也。

救主之座、乃似火之焰、其輪似火燒、在於其之前、有萬億神使侍立之。時斯救主即令神使、以神父烈怒之火、燒敗全地、而全萬物皆被火吞矣。其即以活焰、酬罰諸未識神父、未信順其福音眞道之人也。救主已審判完了、乃乘雲下來、其呼神使之聲、以神父之號筒、由天降臨、始初敬信基督而死之輩、復活爲先、而後復活吾等後信遺剩之輩、乃共同被攜升於雲、迎接救主在空中、則如是吾等與救主偕永遠而居、且復活之時、在須臾瞬息之間、蓋號筒必號、從號筒之末、而死輩乃復活爲無壞、救主將以吾等朽賤之身、而修飾似其榮耀之身、則吾輩將變爲無壞之體矣。蓋復活之時、伊等不嫁不娶、乃如爲神父之神使在於天也。今吾等既然爲神父之子輩、而未曾現著吾等將爲若何、惟今知其現著之時、吾等將爲似之、後日救主顯著榮威之時、吾等靈魂之生命亦偕之榮顯也。惟現在之天地以待福音眞、道播傳於通天下萬國、故畱存至審判之日、而被火燒、及不敬畏神爺火華的人、全敗壞矣。

國家圖書館出版品預行編目資料

勸世良言

(清)梁發著. － 初版. － 臺北市：臺灣學生，1985.02
冊；公分(中國史學叢書)
美國哈佛大學藏本

ISBN 978-957-15-1960-9 (精裝)

1. 教牧學

245.2　　113019941

中國史學叢書
吳相湘主編

美國哈佛大學藏本
勸世良言

著者：清．梁發
出版者：臺灣學生書局有限公司
發行人：楊雲龍
發行所：臺灣學生書局有限公司
臺北市和平東路一段七十五巷十一號
郵政劃撥戶：〇〇〇二四六六八號
電話：（〇二）二三九二八一八五
傳真：（〇二）二三九二八一〇五
E-mail:student.book@msa.hinet.net
http://www.studentbook.com.tw
本書局登記證字號：行政院新聞局局版北市業字第玖捌壹號

定價：新臺幣一〇〇〇元

一九八五年二月再版
二〇二五年四月再版二刷

6580114